企业商标
工作实务要点：
原理与案例

北京路浩知识产权集团有限公司◎组织编写

张　晶◎主编

知识产权出版社
全国百佳图书出版单位
—北京—

图书在版编目（CIP）数据

企业商标工作实务要点：原理与案例/北京路浩知识产权集团有限公司组织编写. —北京：知识产权出版社，2024.2
ISBN 978-7-5130-9206-7

Ⅰ.①企… Ⅱ.①北… Ⅲ.①商标法—基本知识—中国 Ⅳ.①D923.434

中国国家版本馆 CIP 数据核字（2024）第 024575 号

内容提要

本书切实结合企业商标管理的痛点和难点，从满足企业商标工作的实际需求出发，全面梳理企业商标工作内容，特别是结合商标法的原理和案例，从商标注册的显著性审查、不得作为商标注册的标识、含地理名称的商标标识、商标恶意抢注、近似商标与类似商标判断以及驰名商标认定等方面进行详细介绍，同时就商标管理、商标侵权和维权中涉及的具体案例结合法条进行解读，希望为我国企业商标工作相关从业人员提供实务指引。

责任编辑：王玉茂	责任校对：谷 洋
封面设计：杨杨工作室·张冀	责任印制：刘译文

企业商标工作实务要点：原理与案例

北京路浩知识产权集团有限公司　组织编写

张　晶　主编

出版发行：知识产权出版社有限责任公司	网　　址：http://www.ipph.cn
社　　址：北京市海淀区气象路50号院	邮　　编：100081
责编电话：010-82000860 转 8541	责编邮箱：wangyumao@cnipr.com
发行电话：010-82000860 转 8101/8102	发行传真：010-82000893/82005070/82000270
印　　刷：天津嘉恒印务有限公司	经　　销：新华书店、各大网上书店及相关专业书店
开　　本：720mm×1000mm　1/16	印　　张：12.75
版　　次：2024 年 2 月第 1 版	印　　次：2024 年 2 月第 1 次印刷
字　　数：216 千字	定　　价：70.00 元

ISBN 978-7-5130-9206-7

出版权专有　侵权必究
如有印装质量问题，本社负责调换。

编委会

名誉主编 谢顺星

主　编 张　晶

编　委（按姓名拼音排序）

　　　　白美兰　景　灿　李　石　刘　云

　　　　苗青盛　孙红晓　徐传梅　张　冲

全本書

前　言

企业是国家知识产权战略实施的重要载体，企业自主创新能力的增强对国家核心竞争力的提高具有举足轻重的作用，企业知识产权管理体系和管理内容是企业经营管理的重要组成部分。商标是企业重要的无形资产，企业制定商标申请策略、合理运用商标管理制度、加强商标保护是提高企业核心竞争力的关键。因此，企业商标工作需要充分掌握和运用商标制度，在保护好企业重要资产的同时，最大限度地发挥商标的价值，从而为企业发展争取最大的利益。

随着国家知识产权战略工作的实施，越来越多的企业将商标管理工作作为企业战略发展的核心工作之一，对商标的投入和重视力度不断加强，也深刻体会到商标管理工作的重要性和价值性。然而，由于开展商标管理工作的时间不长、经验匮乏，以及商标管理工作内容烦杂、专业性强、期限要求高，许多企业商标工作者在实际工作中常常感到力不从心，大多停留在商标申请的初级阶段，不懂如何有效利用商标制度保护企业、如何理性地运用商标策略发展企业。这种状况显然不能满足新形势下加快知识产权强国建设的要求和企业可持续发展的需要。如何尽快提升企业商标工作者的能力和水平，已成为一个亟待解决的问题。

作为专业的商标工作者，编者在长期为客户提供商标代理和商标咨询服务的过程中，深切体会到企业对商标工作实务知识的渴求，感到有义务为改变这种状况尽一点绵薄之力。鉴于目前企业知识产权的创造、运用、保护、管理和服务全链条都需要强起来，企业商标管理的内容有必要与时俱进地升级和完善，为此编者全面梳理了多年来为企业服务的一些体会和心得，结合新领域新业态下的知识产权保护制度的研究与实践，追本溯源查找良方，对企业商标工作的内容和方法进行了系统的总结和澄清，以期抛砖引玉，为企业商标工作者提供商标工作的实务知识，也为从事商标工作的机关干部、研究人员和商标代理人提供参考。

北京路浩知识产权集团有限公司

北京路浩知识产权代理有限公司

2023 年 10 月

目　录

第一章　企业商标管理概述 / 1

　　一、商标战略布局 / 1

　　二、商标档案管理 / 4

　　三、商标内部管理和外部合作机构管理 / 10

第二章　商标注册 / 12

　　一、国内商标注册 / 12

　　二、海外商标注册 / 34

第三章　商标争议 / 44

　　一、商标争议类型、流程及周期 / 44

　　二、商标争议审查要点 / 49

第四章　商标注册管理 / 90

　　一、注册申请备案管理 / 90

　　二、商标使用证据管理 / 104

第五章　商标维权 / 113

　　一、工商行政查处 / 113

　　二、海关行政查处 / 119

　　三、展会投诉 / 124

　　四、电商及新媒体平台投诉 / 129

第六章　商标诉讼 / 140

　　一、商标行政诉讼 / 140

　　二、商标民事诉讼 / 145

　　三、商标刑事诉讼 / 152

附录1　商标注册申请常见问题指南 / 159

　　一、有关商标注册申请的办理途径、申请书件、规费等 / 159

　　二、有关商标注册申请书的填写 / 164

　　三、有关商标注册申请补正 / 171

　　四、其他 / 173

附录2　商标申请相关文件模板 / 177

第一章

企业商标管理概述

企业商标管理工作指企业为了实现最大的经济效益、获取最大的竞争优势，以先进、高效、系统的商标管理制度和统筹全局的商标战略为依据，对企业相关的商标进行整体规划和战略布局的活动。当前，商标保护成为企业发展战略的核心环节之一，企业商标管理工作的水平和成效直接影响企业的核心竞争力和长远发展。为适应市场变化发展和提高自身竞争力的需要，企业应当不断提高商标管理意识，学习和了解与商标相关的法律法规，积极主动地制定商标管理制度，对商标进行全方位的保护。企业应当对自身商标进行长期规划和战略布局，把商标战略纳入企业的经营管理系统中，设立专门的职能部门，建立商标档案，运用现代化手段实施商标管理监测，挑选专业的商标代理机构合作，形成企业商标战略体系，增强商标企业的市场竞争力。

一、商标战略布局

商标布局是品牌长期稳固发展的主要支撑，在商标管理体系搭建中具有举足轻重的地位。企业商标布局首先要覆盖现阶段的应用需求，并且需要全方位、立体式地覆盖企业现有商品或服务的需求。其次，在业务范围上，要尽量做到覆盖可能扩张的业务范围，并且需要考虑产品生命周期。最后，企业商标布局中要考虑注册防御商标来保护核心商标。

（一）商标品牌结构

品牌结构直接影响品牌价值的实现，企业应当基于行业特点和自身实际情况等采取与之契合的品牌结构。企业常用的品牌结构有以下三种。

1. 单一品牌结构模式

单一品牌结构模式是指企业各系列产品均使用同一品牌，例如"鲁花"，从食用油到酱油再到各类调味品均使用这一品牌;再如创业伊始的"娃哈哈",从水到乳酸菌饮料都是用这一品牌。

单一品牌结构的优势是集中所有优势资源打造一个品牌,降低传播成本,提高成功率,减少管理压力。其劣势在于容易出现一荣俱荣、一损俱损的结果,不利于企业多元化发展;目前,单一品牌结构通常是创业初期和发展期企业的选择。企业一旦发展壮大,容易向多元化品牌结构发展,比如"娃哈哈"现在已经发展了"营养快线""爽歪歪"等多个品牌。当然,对于业务线单一或市场化程度偏低的企业,通常倾向于单一品牌结构,更利于企业对产品的管控。

2. 多品牌/独立品牌结构模式

多品牌/独立品牌结构模式是指企业每个业务线都使用独立的品牌,例如"宝洁""联合利华",不同产品线使用不同的品牌。

独立品牌结构的优势是分散风险,有利于多元化发展。其劣势是品牌建设成本高、管理难度大,通常是具有一定实力和规模的公司采用的品牌结构模式。

3. 母子品牌/主副品牌结构模式

母子品牌/主副品牌结构模式是指企业核心业务线使用母品牌/主品牌,周边业务线或跨界经营使用子品牌/副品牌。例如海尔旗下除了主品牌"海尔",还有"小王子""卡萨帝"等子品牌;小米旗下除了主品牌"小米",还有"米兔""小爱"等副品牌。

母子品牌/主副品牌结构的优势在于既可以借助母品牌/主品牌的影响力实现集中管控,又能促进子品牌/副品牌的发展,体现差异化管理。目前这是较多企业更愿意接受的品牌管理模式。

企业的品牌架构模式并不是固定不变也不是唯一的,企业在不同的发展阶段可能会选择不同的模式,这需要根据企业自身的发展优势和战略方向进行及时调整。

(二)商标品牌命名

商标命名需要考虑多种因素,包括法律的可注册性、市场的可传播性、与企业品牌规则一致性,以及与其他商业标识一致性等。

1. 法律的可注册性

商标标识应符合商标相关法律和文化的特定要求。以中国为例，商标标识不得属于《中华人民共和国商标法》（简称《商标法》）第 10 条的禁止使用范畴；商标标识尽量不属于《商标法》第 11 条的禁止注册范畴；另外，商标标识不侵犯他人在先权益。

2. 市场的可传播性

商标要结合企业经营理念、行业特点等，并且要使商标具有更好的可传播性，为企业长远发展提供更广阔的空间。

3. 与企业品牌规则一致性

企业名称和商标名称之间的一致性可以提高品牌的一致性和可识别性。如果企业名称和商标名称不同，可能导致混淆和困惑，使品牌形象不受认同。

4. 与其他商业标识一致性

商标尽量与企业的其他商业标识，如字号、域名等保持一致。

（三）商标类别选择

在选择商标类别时，企业首先要明确商标的使用范围和目的，了解自己所处的市场和行业，确定商标的分类。根据《商标注册用商品和服务国际分类》的规定，商标共有 45 个类别，包括商品和服务项目两大类别。

1. 选择正确的商标类别

商标类别的选择要与该商标的使用范围和目的相符合。如果选择错误的商标类别，将会导致商标注册被驳回或者注册商标无法起到保护作用。

2. 确认同类商标的存在

在选择商标类别时，需要确认目标商标是否与同类商标相似或者冲突，避免重名或者类似商标的存在导致商标注册失败或者注册商标无法起到保护作用。

3. 合理规划商标申请范围

企业在选择商标类别时，要根据自身的经营状况和发展计划，合理规划商标申请范围。如果企业的经营范围扩大或变化，可能需要根据经营范围变化重新申请商标。

4. 搭配申请多个商标类别

当企业经营的产品或服务涉及多个商标类别时，可以选择同时申请多个商标类别的注册，以起到更好的保护作用。

（四）合理分级布局与管理

1. 核心商标

核心商标是企业的主商标，其商誉和影响力基本覆盖公司全部产品线，通常代表整个企业的品牌声誉和形象，建议采取全类注册方式，既可以为企业未来业务拓展预留法律空间，又可以有效防止他人的抢注和攀附。

2. 重要商标

重要商标通常涉及企业某一个重点业务产品或服务。重要商标至少需要在商标核心类别和强关联类别进行注册。

3. 普通商标

普通商标是指除了上述两个级别的其他商标。普通商标仅在直接对应的核心类别注册即可。

在初创阶段，建议企业侧重于核心商标、重要商标在核心类别和强关联类别的权利取得；在发展阶段：企业应侧重于核心商标、重要商标的防御性注册，建立全方位保护体系；在成熟阶段：企业应侧重于核心商标、重要商标的权利维护［防淡化、连续三年不使用被撤销（以下简称"撤三"）］及潜在侵权、搭蹭、不正当竞争行为的监控打击。

4. 主营业务

针对主营业务，企业商标布局应当完全覆盖。

5. 关联业务

关联业务是与主营业务相关联，其涉及容易产生混淆或者有竞争关系的商标项目，企业商标布局应当适当覆盖，防止公众混淆误认或商标声誉被窃取。

6. 将来业务

将来业务是基于行业新技术、新趋势及企业发展规划极可能涉及的类别，企业商标布局应当完全覆盖。

二、商标档案管理

商标注册档案是指在商标注册申请、异议、撤销、复审、无效等过程中形成的具有保存和利用价值的各种形式和载体的历史记录，包括纸质档案和电子档案。

商标档案管理是对商标注册、权利维护、争议解决、管理活动等过程中形成的纸质文档或电子文档的管理，归档范围主要包括：①商标注册申请及后续业务类；②商标异议业务类；③商标撤销业务类；④商标复审业务类；⑤商标无效业务类；⑥其他类。

由于商标工作的专业性较强、涉及的专业材料和文件较多，企业在对商标进行管理的过程中，需要借助互联网及各类先进的商标管理工具，以实现对商标工作的数字化、智能化管理。

（一）管理工具

1. 数据管理系统

企业商标数据庞大，各类期限烦杂，管理工作量大。商标数据管理系统可以实现所有商标数据的线上管理、所有商标事务的全面线上处理、所有操作全程留痕，便捷溯源；对企业自有商标权属或关注主体的商标权属变动状况进行智能化的监控，同时可以通过案件关联系统，实现系统自动程序衔接提醒，可以有效提高各职能岗位的工作效率、各部门之间的协同效率，降低商标程序流转过程中的风险。

因此，企业商标管理工作需要一套专业的、智能化的商标数据管理系统帮助其高效、准确地完成相关工作。目前，市场上存在各种商标管理工具或软件，例如传统的彼速、天下先，可能更符合代理机构的使用习惯；也有近两年入场的新秀，例如浩浩达、知产岛、多普勒等，其中"浩浩达知识产权管理系统"是路浩知识产权集团旗下的科技公司为创新主体打造的知识产权全方位全链条数智化管理平台，支撑创造、申请、维权与经营各环节全生命周期管理，采用信息智能识别、数据自动匹配、工作自动派遣、档案管理等功能，实现用户各类无形资产数字化、流程化、智能化管理。企业可以参考市场上各类软件的优劣势并结合自身特点进行选择。

2. 数据查询系统

商标的数据查询系统包括各类商标检索系统或平台、各类工商数据检索系统、裁判文书数据检索系统/网站、行政裁决和决定数据检索系统等。

国内外常见数据检索系统如图1-1~图1-7所示。

◎ 企业商标工作实务要点：原理与案例

1）国家知识产权局商标局网站（https：//sbj.cnipa.gov.cn/sbj/sbcx/）（见图1-1）

图1-1 国家知识产权局商标局网站

2）中国裁判文书网网站（https：//wenshu.court.gov.cn/）（见图1-2）

图1-2 中国裁判文书网网站

3）世界知识产权组织网站（https：//www.wipo.int/classifications/en/）（见图1-3）

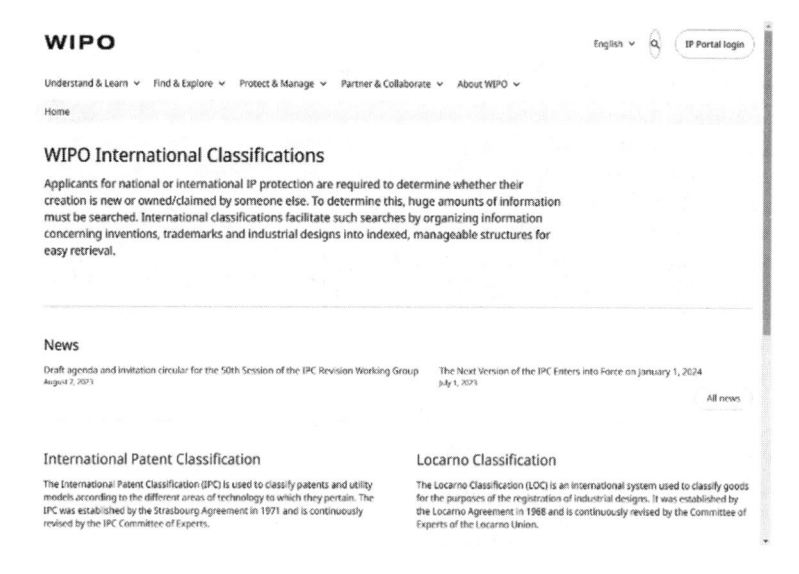

图1-3 世界知识产权组织网站

4）欧盟知识产权局网站（https：//euipo.europa.eu/ohimportal/）（见图1-4）

图1-4 欧盟知识产权局网站

5) 美国专利商标局网站（https：//www.uspto.gov/trademarks/search）（见图 1-5）

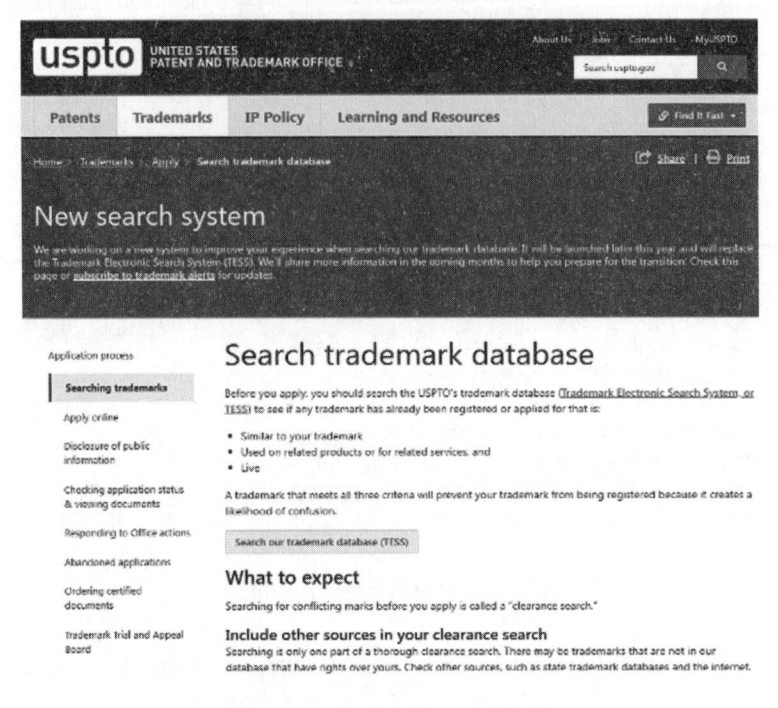

图 1-5　美国专利商标局网站

6) 日本特许厅网站（https：//www.jpo.go.jp/）（见图 1-6）

图 1-6　日本特许厅网站

7）韩国知识产权局网站（https：//www.kipo.go.kr/en/MainApp？c=1000）（见图1－7）

图1－7　韩国知识产权局网站

（二）管理内容

商标管理的内容主要包括档案制作、档案存放、档案调阅三大板块。

商标档案是在商标注册、权利维护、争议解决、管理活动等过程中形成的有保存价值的纸质形式和电子形式的文档。其内容主要涉及对官方审查裁决相关文档、企业商标使用证据相关文档及涉嫌侵犯企业商标权相关文档的管理。

官方审查裁决相关文档包括注册申请文件、驳回/部分驳回通知书，初步审定公告通知书、商标注册证、核准转让证明、续展证明、商标驳回复审决定书、商标异议裁定书、无效宣告裁定书、商标连续三年不使用撤销裁定书、法院行政案件判决文书以及企业商标获得保护的行政裁决、司法裁判文书等。

企业商标使用证据相关文档包括商标设计文稿及相关协议、商标许可相关协议、广告宣传相关合同/发票、产品销售相关合同/发票、行业排名、审计报告、纳税证明、产品实物和照片、宣传海报、视频、宣传册、产品介绍、说明书、相关检验报告及鉴定报告等。

涉嫌侵犯企业商标权的相关文档包括相关市场调查报告、侵权产品实物、销售链接、票据、订单、官方网站和宣传物料等。

三、商标内部管理和外部合作机构管理

商标管理工作是专业门槛较高的领域。企业要有效开展商标管理工作，应当根据经营管理的需要，在法务部门设立专业人才岗位进行专门的商标管理工作，或者委托外部优质的知识产权服务机构进行商标分析与布局，将聘请的外部专业代理机构与企业内部商标管理人员进行有效协同配合，双方达成企业商标管理工作目标。

（一）管理机构

在挑选外部商标服务机构时，应当综合多方面因素加以考量。从企业自身业务需求和实际经营状况出发，尽量选择服务效率、服务质量和服务水平都较高的机构。国内外许多大型企业会设立专门的商标部门，也称为"知识产权部"或者"商标部"，直属于企业总部或隶属于企业法务部门。商标管理部门需要负责企业商标管理制度和商标战略的制定与实施、商标申请、外部维权与风险管理、对接外部服务机构、商标资产档案管理等工作，在企业中发挥着重要的、不可替代的作用。

（二）管理人员

企业应当选择具备专业素质的商标管理人员负责商标工作的计划、组织、协调和控制。商标管理人员需要兼具企业管理知识、较深的法律素养和较高的外语水平，能够站在企业经营战略高度管理企业商标权，将经营战略与商标管理相结合，在商标经营中进行合同管理，建立与企业领导层、企业内外部的良好协调关系。企业商标管理人员不同于一般的管理人员，他们应当是具备法律专业、管理专业和外语专业知识的复合型人才。

（三）管理制度

企业应当制定商标代理机构的资质考核及引入、签约合作和监督评价的相关制度与流程。企业可以通过公开招投标、指定采购等方式，综合考量合作机构的人员构成、业务范围、业务资质、作业质量、主要业绩、收费标准、让利幅度、与其他客户业务合作情况及与政府主管部门的沟通协调能力、与本行业的契合度、是否存在竞业限制等因素对商标服务机构进行资质考核。选定合作

机构后，应签订书面合作协议，明确双方的权利和义务。在确立业务合作关系后，安排商标管理部门人员与合作机构进行对接，并在日后的具体工作中定期对合作机构的服务质量和水平进行动态监督与评估，保证合作的稳定和高效。

第二章

商标注册

一、国内商标注册

（一）注册类型、流程及周期

1. 注册类型

《商标法》规定，经商标局核准注册的商标为注册商标，包括商品商标、服务商标和集体商标、证明商标。集体商标是指以团体、协会或者其他组织名义注册，供该组织成员在商事活动中使用，以表明使用者在该组织中的成员资格的标志。证明商标是指由对某种商品或者服务具有监督能力的组织所控制，而由该组织以外的单位或者个人使用于其商品或者服务时，用以证明该商品或者服务的原产地、原料、制造方法、质量或者其他特定品质的标志。

实践中，商标注册申请人对申请注册普通商标、集体商标还是证明商标一般不存在疑问，但因为不了解集体商标和证明商标的区别，往往会对申请注册集体商标还是证明商标产生疑问。集体商标和证明商标的区别可以归纳为以下三个方面。

（1）注册主体方面：集体商标和证明商标的注册人都是具有法人资格的团体、协会或者其他组织，具有团体性、集体性等特点，但证明商标的注册人需具有对商品或服务的特定品质进行检测和监督的能力，集体商标的注册人则无此要求。

（2）功能用途方面：集体商标用于识别商品或服务来源于某个组织，证明商标用于表明商品或服务达到某种特定品质。

（3）使用条件方面：集体商标注册人及集体成员均可使用该集体商标，

组织以外的人不得使用。证明商标注册人不得使用该商标，商品或服务达到管理规则规定的特定品质要求的人均可要求使用该证明商标，注册人不得拒绝。

2. 注册流程

《商标法》并未就集体商标、证明商标的申请注册流程作出与普通商标不同的规定，各类型商标的申请注册流程均为：提交申请——形式审查——实质审查——初审公告——获得注册。

上述流程是理想状态下的情况，实践中，有一些商标的申请注册过程并没有这么顺利。若申请文件存在问题，则在形式审查阶段可能遭遇补正或不予受理；若商标本身存在问题，则在实质审查阶段可能遭遇驳回；若他人对商标的注册存在异议，则可能在初审公告阶段对商标注册提起异议申请。

3. 注册周期

根据《商标法》的规定，商标局应当自收到商标注册申请文件之日起九个月内审查完毕，对符合《商标法》规定的，予以初步审定公告。初审公告期是三个月，公告期满后，大约一个月可以收到注册证，因此，从递交申请文件到收到注册证，若没有补正、驳回、异议等情况，法定期限大约是十三个月。

目前，商标局采取了加快审理的一系列措施，商标申请人从提交商标注册申请文件到审查完毕大约需要四个月，实践中，从提交申请算起大约八个月可收到注册证。

【法律依据】

《商标法》

第三条　经商标局核准注册的商标为注册商标，包括商品商标、服务商标和集体商标、证明商标；商标注册人享有商标专用权，受法律保护。

本法所称集体商标，是指以团体、协会或者其他组织名义注册，供该组织成员在商事活动中使用，以表明使用者在该组织中的成员资格的标志。

本法所称证明商标，是指由对某种商品或者服务具有监督能力的组织所控制，而由该组织以外的单位或者个人使用于其商品或者服务，用以证明该商品或者服务的原产地、原料、制造方法、质量或者其他特定品质的标志。

集体商标、证明商标注册和管理的特殊事项，由国务院工商行政管理部门规定。

第二十八条 对申请注册的商标，商标局应当自收到商标注册申请文件之日起九个月内审查完毕，符合本法有关规定的，予以初步审定公告。

第三十三条 对初步审定公告的商标，自公告之日起三个月内，在先权利人、利害关系人认为违反本法第十三条第二款和第三款、第十五条、第十六条第一款、第三十条、第三十一条、第三十二条规定的，或者任何人认为违反本法第四条、第十条、第十一条、第十二条、第十九条第四款规定的，可以向商标局提出异议。公告期满无异议的，予以核准注册，发给商标注册证，并予公告。

(二) 注册申请操作指南

1. 线上申请

1) 商标网上申请系统新用户注册

(1) 在线填写商标数字证书申请表

商标申请人访问"中国商标网—网上申请—选择用户类型为【网上申请用户登录】"（见图2-1和图2-2）。

图2-1 中国商标网官网页面示意

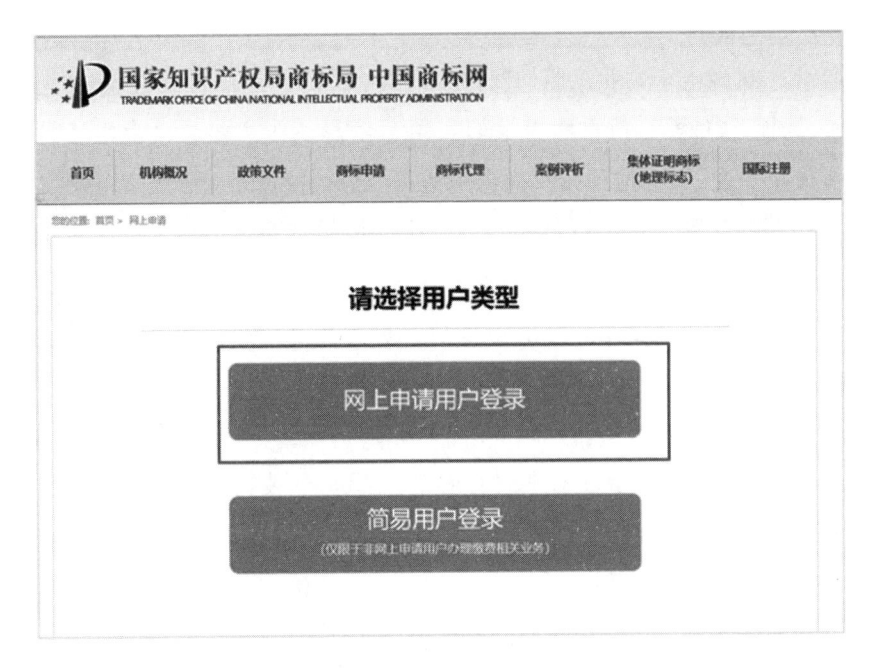

图 2-2　网上申请用户登录页面示意

进入"商标网上服务系统"首页，点击"没有账户，立即注册"（见图 2-3）。

图 2-3　用户注册页面示意

（2）注册流程

① 无手机版电子营业执照的商标申请人

● 点击"申请"，按页面提示如实填写信息，在"是否具有电子营业执照"项选择"否"，其他项按页面提示如实填写，检查无误后提交申请。

● 申请提交后，系统将自动随机产生激活码，商标申请人务必牢记并切勿外泄该激活码。首次登录本系统时，必须使用该激活码激活。

● 商标申请人提出用户注册申请后，自行登录注册时填写的邮箱，查看是否收到商标局发送的用户注册成功/不予注册通知。

● 收到用户注册成功通知的，可在邮件中或进入"商标网上服务系统"首页，右下侧点击"数字证书驱动下载"，下载并安装"证书助手"。

● 登录证书助手进行证书签发，根据线上《证书助手使用指南》进行操作。

② 持有手机版电子营业执照的商标申请人

● 点击"申请"，在"是否具有电子营业执照"项选择"是"，使用微信或支付宝等电子营业执照小程序，扫描弹窗中的二维码自动获取"统一社会信用代码""申请人名称"和"地址"的信息，其他项按页面提示如实填写，检查无误后提交申请。

● 申请提交后，系统将自动随机产生激活码，商标申请人务必牢记并切勿外泄该激活码。首次登录该系统时，必须使用该激活码激活。

● 商标申请人提出用户注册申请后，自行登录注册时填写的邮箱，查看是否收到商标局发送的用户注册成功/不予注册通知。

● 持有手机版电子营业执照的商标申请人，可使用扫码登录或者软证书登录两种方式。

2）进行网上申请

（1）登录后点击"商标注册申请"（见图2-4）

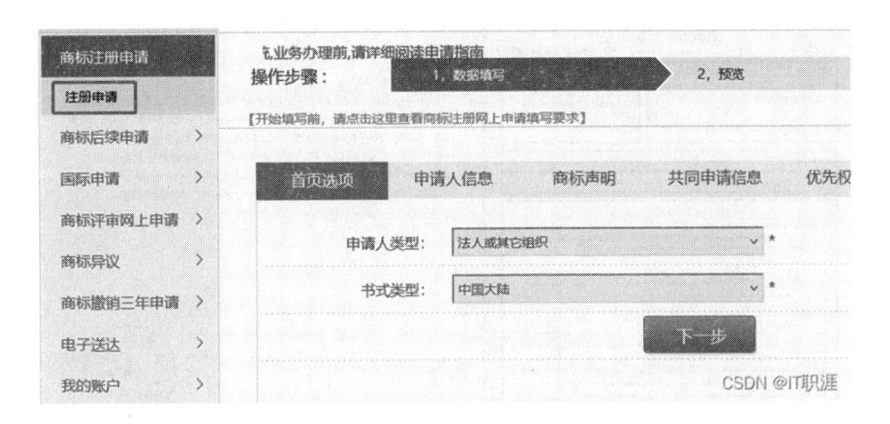

图 2-4　商标注册申请页面示意

（2）根据提示依次填写"申请人信息""商标声明""共同申请信息""优先权信息""商品""商标图样"，点击确认提交（见图 2-5）

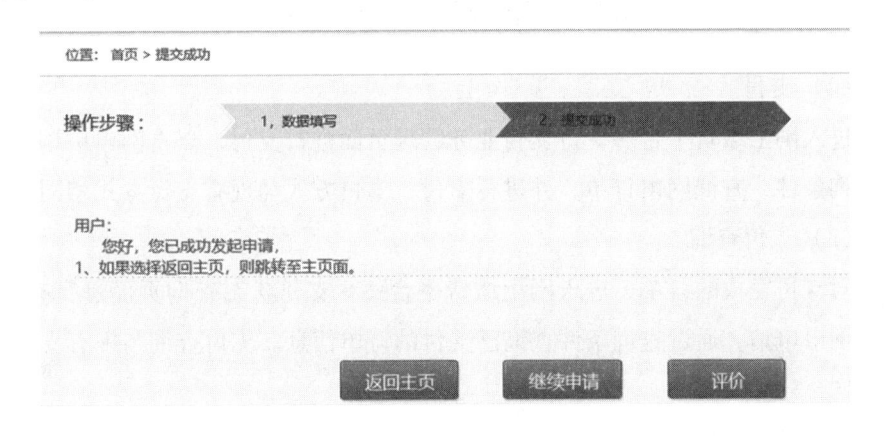

图 2-5　商标提交成功页面示意

3）缴费

（1）收到缴费通知书

收到网上申请件缴款通知书的邮件和短信，到电子送达—>我的发文里面去查看。此缴款通知书无须缴款码，缴费方式同原有在线支付一样。缴款通知书具体样式如图 2-6 所示。

· 17 ·

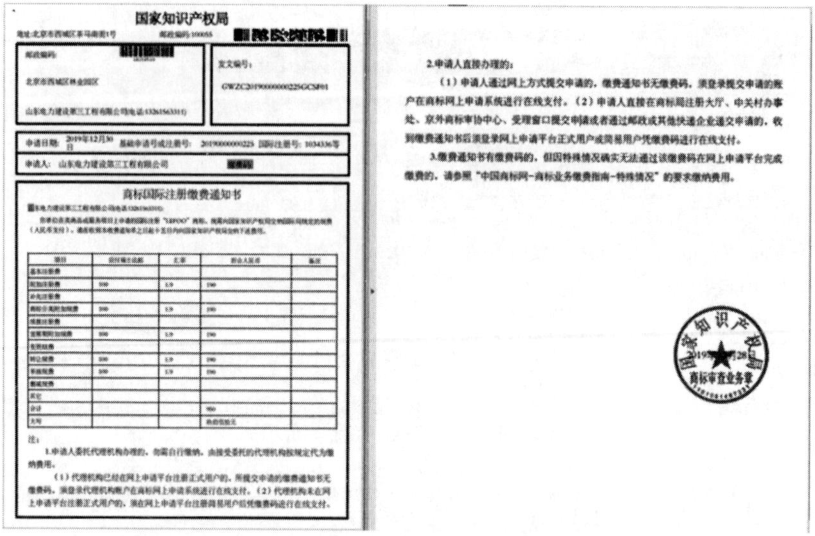

国家知识产权局

发文编号：

GWZC2019000000225GCSF01

申请日期：2019年12月30日 基础申请号或注册号：2019000000225 国际注册号：1034336等

申请人：山东电力建设第三工程有限公司

商标国际注册缴费通知书

2.申请人直接办理的：

（1）申请人通过网上方式提交申请的，缴费通知书无缴费码，须登录提交申请的账户在商标网上申请系统进行在线支付。（2）申请人直接在商标局注册大厅、中关村办事处、京外商标审协中心、受理窗口提交申请或者通过邮政或其他快递企业递交申请的，收到缴费通知书后须登录网上申请平台正式用户或简易用户凭缴费码进行在线支付。

3.缴费通知书有缴费码的，但因特殊情况确实无法通过该缴费码在网上申请平台完成缴费的，请参照“中国商标网–商标业务缴费指南–特殊情况”的要求缴纳费用。

图2－6　商标注册缴费通知页面示意

（2）支付

进入网上缴费平台—＞待支付业务管理页面进行支付，点击网申申请，通过查询条件，查询网申订单，并进行支付，支付方式与现有支付方式相同。

（3）支付查询

对支付完成的订单，进入网上缴费平台—＞支付状态查询页面进行查询，点击网申申请，通过查询条件查询已支付的订单信息。支付查询与现有支付查询相同。

4）收发文件

（1）通知方式

商标局在商标文件电子送达同时将通过手机短信和电子邮件（商标网上服务系统用户信息中填写的手机号码和电子邮箱地址）提示用户。因此企业应确保所提供的手机号码和电子邮箱可以正常接收信息。手机号码和电子邮箱发生变更的，需及时修改用户信息。

（2）查看及下载

在“电子送达—我的发文”和“发文文书批量下载”功能中，每个发文文书可下载5次。如提示“下载失败”，请等待10秒或在非网上申请高峰时段再次尝试下载。

2. 线下申请

1）办理地点

企业可以前往国家知识产权局商标局注册大厅、商标局驻中关村国家自主创新示范区办事处、商标局在京外设立的商标审查协作中心，或者商标局委托地方市场监管部门或知识产权部门设立的商标业务受理窗口办理。

2）操作流程

申请人在商标业务受理窗口提交商标注册申请。商标业务受理窗口工作人员会先对申请文件进行审查。基本符合规定的，通过网上服务系统接收申请文件。

之后商标局会对申请文件进行进一步审查。经进一步审查合格的，商标局发放缴费通知书，申请人缴费后予以受理。后续商标文件将以电子方式送达申请人，申请人可通过申请时填写的电子邮箱查看。

（三）商标注册审查要点

商标注册申请受理后进入实质审查阶段，该阶段主要从两个方面进行审查，涵盖商标显著性、商标合法性、商标近似性等多个审查要点。

1. 商标显著性

1）原理

一个标志要获准注册，成为注册商标，首先这个标志要能够发挥商标的作用，否则，就缺乏成为注册商标的基础。商标的作用从根本上讲，就是消费者在商品或服务上看到一个标志，会联想到商品和服务的提供者，这种联想可能并不是很明确，但至少消费者通过不同的标志可以判断出商品和服务来自不同的提供者。有些标志并不能发挥这样的作用，比如，如果在苹果这种商品上贴"好吃"两个字，消费者只会认为这是对商品的描述，而不会认为这是一个商标，也无法将其与特定的商品提供者联系起来。因此，商标的这种特征被称为商标的显著特征，即商标的显著性。

如果商标缺乏显著性，则不得作为商标注册。《商标法》第十一条规定不得作为商标注册的标志有：①仅有本商品的通用名称、图形、型号的；②仅直接表示商品的质量、主要原料、功能、用途、重量、数量及其他特点的；③其他缺乏显著特征的。《商标审查审理指南》规定，其他缺乏显著特征的标志的常见类型主要包括：①商标过于简单或者过于复杂的。如过于简单的线条、普通几何图形、一个或两个普通表现形式的字母，或者过于复杂的文字、图形、数字、字母或上述要素的组合等。②表示商品或者服务特点的短语或者句子，或者普通广告宣传用语。此类句子或短语，相关消费者通常不会将其视为指示商品或者服务来源的标志，不具备商标的显著特征。③日常商贸场所、用语或标志。这些商业贸易常用的场所、语言或标志，缺乏显著特征。④企业的组织形式、行业名称或简称。这些被有关行业的生产者或经营者用来呼叫其行业或描述其行业的组织形式，为行业公用，不具备商标的显著特征。⑤仅有申请人（自然人除外）名称全称的。一般来说，申请人（自然人除外）名称全称缺乏商标的显著特征，消费者通常不会将其识别为商标。⑥常用祝颂语和日常用语、网络流行词汇及表情包、常用标志符号、节日名称、格言警句等。这些在日常生活中经常被大众使用，消费者通常不会将其视为指示商品或者服务来源的标志，不具备商标的显著特征。

　　虽然缺乏显著性的标志不得作为商标注册，但只要经营者愿意，仍然可以将缺乏显著性的标志作为商标使用，因为这样的标志并不损害公共利益或他人利益。有些缺乏显著性的商标，通过所有人不断的宣传和使用，在相关公众中取得了一定的知名度和影响力，相关公众能够将该商标和其所有人联系起来，从而具备识别商品或服务来源的显著特征，能够作为商标注册。《商标审查审理指南》规定，判定某个标志是否经过使用取得显著特征的考量因素包括：①相关公众对该标志的认知情况；②该标志在指定商品或者服务上实际使用的时间、使用方式、同行业使用情况；③使用该标志的商品或者服务的销售量、营业额及市场占有率；④使用该标志的商品或者服务的广告宣传情况及覆盖范围；⑤使该标志取得显著特征的其他因素。

　　缺乏显著性或显著性较弱的商标，申请和维护起来相对比较困难。比如，若前述使用在苹果上的商标"好吃"通过使用取得了显著性，申请注册时一般会在实质审查阶段被驳回。申请人需要提供大量的宣传和使用证据来证明该商标通过使用取得了显著性，审查员会根据在案证据对商标的知名度情况进行审查，这种案件对知名度的要求是比较高的。此外，此类商标即便获准注册了，维护起来也比较困难。还是以"好吃"商标为例，该词汇实际上是一个公有领域的词汇，其他经营者也有使用该词汇的需求，所以在实际使用的过程中很容易产生摩擦。因此，如果不是确有必要，建议企业尽量不要注册或使用缺乏显著性或显著性较弱的商标。

【法律依据】

《商标法》

第十一条　下列标志不得作为商标注册：

（一）仅有本商品的通用名称、图形、型号的；

（二）仅直接表示商品的质量、主要原料、功能、用途、重量、数量及其他特点的；

（三）其他缺乏显著特征的。

前款所列标志经过使用取得显著特征，并便于识别的，可以作为商标注册。

2）案例

【商评字［2023］第0000170379号】申请人对国家知识产权局驳回其第65650112号"嚼酸奶"商标注册申请不服，向国家知识产权局申请复审。国家知识产权局经审理后认为，"嚼酸奶"作为商标指定使用在酸奶、俄式酸牛奶商品上，消费者一般不会将其作为商标识别，缺乏商标应有的显著性，已构成《商标法》第十一条第一款第（三）项所指之情形。

【商评字［2023］第0000170610号】申请人对国家知识产权局驳回其第65453875号"相聚幸福"商标（以下称"申请商标"）注册申请不服，向国家知识产权局申请复审。国家知识产权局经审理后认为，申请商标为纯文字商标，"相聚幸福"指定使用在"咖啡馆、外卖餐馆"等全部复审服务上，消费者不易将其作为商标予以识别，缺乏显著性，难以起到区分服务来源的作用，已构成《商标法》第十一条第一款第（三）项所指之情形。

2. 商标合法性

1）原理一：误认、不良影响、地名、囤积

根据前文所述，缺乏显著性的标志，只是不能作为商标注册，并不是不能作为商标使用。有些标志，因其属于法律法规的禁止性情形，不但不能作为商标注册，也不能作为商标使用。

《商标法》第十条第一款规定，不得作为商标使用的标志有：①同中华人民共和国的国家名称、国旗、国徽、国歌、军旗、军徽、军歌、勋章等相同或者近似的,以及同中央国家机关的名称、标志、所在地特定地点的名称或者标志性建筑物的名称、图形相同的;②同外国的国家名称、国旗、国徽、军旗等相同或者近似的,但经该国政府同意的除外;③同政府间国际组织的名称、旗帜、徽记等相同或者近似的,但经该组织同意或者不易误导公众的除外;④与表明实施控制、予以保证的官方标志、检验印记相同或者近似的,但经授权的除外;⑤同"红十字""红新月"的名称、标志相同或者近似的;⑥带有民族歧视性的;⑦带有欺骗性,容易使公众对商品的质量等特点或者产地产生误认的;⑧有害于社会主义道德风尚或者有其他不良影响的。

《商标法》第十条第二款规定,县级以上行政区划的地名或者公众知晓的外国地名,不得作为商标。但是,地名具有其他含义或者作为集体商标、证明商标组成部分的除外;已经注册的使用地名的商标继续有效。

前述《商标法》第十条规定的不得作为商标使用的标志中,第一款第(七)项、第(八)项,以及第二款在实务中比较常见,而且容易产生分歧,下面将对这三种情况进行重点介绍。此外,还有一种特殊的情况,就是恶意囤积商标的行为。2019年《商标法》修正时在第四条增加了"不以使用为目的的恶意商标注册申请,应当予以驳回"的规定,该规定规制的对象,即不以使用为目的的恶意商标注册申请,因其违背诚实信用原则,扰乱商标注册和管理秩序,不具备合法性,因而也不能作为商标注册。该规定除了对恶意囤积商标的企业之外,对有正当理由需要注册大量商标的企业也会有一些影响,因此笔者进行重点介绍。

2)原理二:误认

《商标法》第十条第一款第(七)项规定,带有欺骗性,容易使公众对商品的质量等特点或者产地产生误认的标志,是指标志对其指定商品或服务的质量等特点或者来源作了超过其固有程度或与事实不符的表示,容易使公众对商品或服务的质量等特点或者来源产生错误的认识。

《商标审查审理指南》列举了如下三种容易使公众产生误认的情形。

(1)容易使公众对商品或者服务的质量、品质、功能、用途、原料、内容、重量、数量、价格、工艺、技术等特点产生误认的。

- 容易使公众对商品或者服务的质量、品质等特点产生误认的;

- 容易使公众对商品的功能、用途等特点产生误认的；
- 容易使公众对商品的种类、主要原料、成分等特点产生误认的；
- 容易使公众对商品的重量、数量、价格、生产时间、工艺、技术等特点产生误认的；
- 容易使公众对服务的内容、性质等特点产生误认的。

（2）容易使公众对商品或者服务的产地、来源产生误认的。

- 标志由地名构成或者包含地名，申请人并非来自该地，使用在指定商品上，容易使公众发生产地误认的（属于《商标法》第十条第二款规定的不得作为商标使用的情形的，应同时适用该条款）；
- 标志文字构成与我国县级以上行政区划的地名或者公众知晓的外国地名不同，但字形、读音近似足以使公众误认为该地名，从而发生商品产地误认的；
- 标志由我国县级以上行政区划的地名之外的其他地名构成或者含有此类地名，使用在其指定的商品上，容易使公众发生商品产地误认的；
- 标志包含国家名称，但申请人并非来自该国，使用在其指定的商品上，容易使公众发生商品产地误认的；
- 标志包含企业名称，而该企业名称与申请人名义存在实质性差异的，容易导致公众误认的；
- 与公众人物姓名、肖像等相同或者近似，容易导致公众误认的；
- 与具有一定知名度的教育院校、体育组织、环保组织、慈善组织等机构的名称、标志相同或者近似，未经该机构许可，容易导致公众对商品或者服务来源产生误认的；
- 与重要赛事、重要展会、重大考古发现名称（含规范简称）、标志等相同或者近似的，未经主办方或主管单位授权，容易导致公众误认的。

（3）其他易导致公众误认的。

可以看出，因容易导致公众误认而不得作为商标注册及使用的情形较多，理解和判断却具有一定难度。下面对这些情形进行归纳总结。

关于上述（1）容易对商品或服务的特点产生误认的，主要有两种情形。一种是申请注册的商标对商品或服务的品质、功能等特点作出了肯定性的评价或描述，比如在染料上申请注册"零缺陷"商标、在食用燕窝上申请注册

"代谢修复"商标、在服装上申请注册"纳米"商标,即便商标申请人的商品经过检测真的可以做到"零缺陷",或者具有"代谢修复"功能,或者采用了纳米技术,仍然会被认定为容易使公众产生误认;一种是商标中带有商品或服务的名称,但实际指定的商品或服务并不是商标中带有的商品或服务,比如在鱼制食品上申请注册带有"牛肉"的商标、在烟草上申请注册带有"铁观音"的商标。

关于上述(2)容易使公众对商品或者服务的产地、来源产生误认的,可以从产地和来源两方面来看。就产地而言,标志中包含的地名应与申请人所在地一致(例如标志中含有"纽约",但申请人来自中国),且该地名不能与指定商品或服务存在肯定性的联系(例如指定商品是活的贝壳类动物,标志中含有"阳澄湖");就来源而言,标志中的企业名称、公众人物姓名、教育院校、赛事展会等,都应与申请人名义保持一致,特别是企业名称,如果企业的名称中不含"集团",以"字号+集团"的形式申请注册商标也是容易导致公众误认的一种情形。

从上述分析和说明中可以看出,如果公众看到一个商标,不是基于对商品或服务提供者的了解和信赖,而是基于对商标文字表述的误解而决定购买该商品或服务,则存在导致公众误认的可能性,有可能被驳回。企业在设计商标时,难免会寄予美好的寓意,也希望通过肯定性的评价或描述来吸引消费者,但近年来国家知识产权局对此类商标的审查日趋严格,如果把握不好度,很容易遭遇驳回。因此,建议企业在设计商标时,尽量不要带有肯定性的评价或描述。

3)原理三:不良影响

《商标法》第十条第一款第(八)项规定,有害于社会主义道德风尚或者有其他不良影响的标志,其中"社会主义道德风尚",是指我国公众共同生活及其行为的准则、规范以及在一定时期内社会上流行的良好风气和习惯,"其他不良影响"是指除有害于社会主义道德风尚的情况,一般是指标志的文字、图形或者其他构成要素具有贬损含义,或者该标志本身虽无贬损含义,但由该申请人注册使用,易对我国政治、经济、文化、宗教、民族等社会公共利益和公共秩序产生消极、负面的影响。

《商标审查审理指南》列举了如下三种容易产生不良影响的情形。

（1）有害于社会主义道德风尚的。
（2）具有政治上不良影响的。
- 与我国党和国家领导人姓名相同或者近似的；
- 与公众知晓的其他国家、地区或者政治性国际组织领导人姓名相同或者近似的；
- 有损国家主权、尊严、形象或者危害国家安全、破坏国家统一的；
- 与党的重要理论成就、科学论断、政治论述等相同、近似，或与国家战略、国家政策、党和国家重要会议等相同、近似，易使公众与之产生联想的；
- 由具有政治意义的数字等构成的；
- 由具有政治意义的事件地点名称等构成的；
- 与恐怖主义组织、邪教组织、黑社会组织或黑社会性质的组织名称或者其领导人物姓名相同或者近似的；
- 其他具有政治不良影响的。

（3）对我国经济、文化、民族、宗教、社会易产生消极、负面影响，损害公共利益，扰乱公共秩序的。
- 与我国整体发展战略关系密切的国家级新区或国家级重点开发区域名称（含规范简称）等相同或者近似，有害于我国经济、社会公共利益的；
- 与各国法定货币的图案、名称或者标记相同或者近似的；
- 标志中含有不规范汉字或系对成语的不规范使用，容易误导公众特别是未成年人认知的；
- 有害于民族、种族尊严或者感情的；
- 有害于宗教信仰、宗教感情或者民间信仰的；
- 与我国各党派、政府机构、社会团体等单位或者组织的名称、标志相同或者近似的；
- 与我国党政机关、军队、警察等职务、职级、职衔名称相同的，易与上述特定主体产生联系，引起混淆或误导，损害公共利益令扰乱公共秩序的；
- 与我国突发公共事件特有词汇相同或者近似，扰乱公共秩序的；
- 与我国政治、经济、文化、社会发展关系密切的国家重大工程、重大科技项目等名称相同或者近似，由该申请人注册使用易对我国社会公共利益和公共秩序产生消极、负面影响的；

● 与我国烈士姓名相同或者含有烈士姓名，容易使公众将其与烈士姓名产生联想的；

● 与政治、经济、文化、民族、宗教等公众人物的姓名相同或者近似、足以对我国政治、经济、文化、民族、宗教等社会公共利益和公共秩序产生消极、负面影响的；

● 其他对我国经济、文化、民族、宗教、社会公共利益和公共秩序易产生不良影响的。

与前述容易导致误认的情形相比，容易产生不良影响的情形相对较容易理解，企业在申请注册商标时，应避免低俗词汇或者涉及政治、经济、文化、宗教、民族等方面的词汇。但有些情形，企业可能并没有意识到是具有不良影响的，下面就这些特殊的情形举例说明。

(1) 与党的重要理论成就、科学论断、政治论述等相同、近似，或与国家战略、国家政策、党和国家重要会议等相同、近似，易使公众与之产生联想的。

例如：

实事求是　　　绿水青山就是金山银山

(2) 与我国烈士姓名相同或者含有烈士姓名，容易使公众将其与烈士姓名产生联想的。

例如：

刘胡兰

商标申请人可以在中华英烈网的烈士英名录（http://www.chinamartyrs.gov.cn/x_lsyml/）里查询所要申请的姓名商标是否为烈士的姓名。

作为例外情形，标志本身为申请人姓名、企业字号、社会组织简称，虽与烈士姓名相同，但不易使社会公众与烈士姓名产生联想，不易损害烈士荣誉、名誉和公众的爱国情怀的，可不视为具有不良影响。

（3）标志中含有不规范汉字或系对成语的不规范使用，容易误导公众特别是未成年人认知的。

例如：

（自造字）

（"绿"字笔画错误）

（成语"随心所欲"的不规范使用）

（成语"左右逢源"的不规范使用）

作为例外情形，商标中的汉字系书法体或其笔画经图形化、艺术化设计，不易使公众特别是未成年人对其书写产生错误认知的，可不视为不规范汉字。

例如：

（篆书"野草"）

（手写体）

（"橙晶网运"的图形化）

（"丽"字图形化）

4）原理四：地名

《商标法》第十条第二款规定，含有县级以上行政区划的地名或者公众知晓的外国地名的标志，其中，"县级以上行政区划"包括县级、地级、省级行政区划以及香港特别行政区、澳门特别行政区和台湾地区，以《中华人民共和国行政区划简册》为准。公众知晓的外国地名，是指我国公众知晓的我国以外的其他国家或地区的地名。

关于含有县级以上行政区划的地名，有些时候，商标申请人可能不知道商标中的文字是"县级以上行政区划的地名"，因此，商标申请人可以在民政部的"民政一体化政务服务平台"（https://zwfw.mca.gov.cn/#/index）上对商标中所含的文字进行查询。在实务中，比较常见的是以"行政区划+字号"的形式申请注册商标，即便该行政区划与申请人的名称一致，也不得作为商标，比如广东安业建设工程顾问有限公司申请注册的"广东安业"商标被驳回就适用了该条款。

关于含有公众知晓的外国地名，在实务中，有些外国地名可能在中国并无较高的知名度，尚未达到"公众知晓"的程度，申请商标也只是碰巧包含该地名，这种情况下如果遭遇驳回，通常可以通过驳回复审克服，但若申请商标中包含的外国地名确实对于中国公众而言具有较高的认知程度，则需申请商标整体具有其他含义，且使用在其指定商品上不会使公众对商品产地产生误认。例如在公文包、伞上申请注册"LONDON FOG"商标，鉴于伦敦雾是一种自然现象，整体具有其他含义，且公众并不会认为该公文包、伞商品来源于伦敦，因此该商标通过了审查。

5）原理五：囤积

关于《商标法》第四条"不以使用为目的的恶意商标注册申请，应当予以驳回"的规定，是指申请人并非基于生产经营活动的需要，而提交大量商标注册申请，缺乏真实使用意图，不正当占用商标资源，扰乱商标注册秩序的行为。

《商标审查审理指南》规定了两种不适用上述条款的情形：①申请人基于防御目的申请与其注册商标标识相同或者近似的商标；②申请人为具有现实预期的未来业务，预先适量申请商标。

但《商标审查审理指南》并没有对上述两种情形的具体适用要件作出规定，这就不免让人产生疑问。对于第①种情形的防御商标，指定使用的商品或服务是必须与主营业务的已注册商标的核定使用商品或服务相同、类似，还是密切相关，还是有一定程度的相关性即可，抑或可以毫不相关？商标标志与主营业务已注册商标的近似程度，是严格按照《商标审查审理指南》关于商标近似的规定进行审查，还是有一定程度的近似即可？对于第②种情形，何为"现实预期的未来业务"，"适量"是指多少件商标呢？

国家知识产权局在《商标审查审理指南》重点问题一问一答❶中指出："所谓'基于防御目的申请与其注册商标标识相同或近似的商标'，主要指商标注册人在其主营业务以外的商品或者服务上申请注册与其核心品牌相同或者近似的商标，以防止他人攀附或者污损其在主营业务、核心品牌上已经形成的商誉。所谓'为具有现实预期的未来业务，预先适量申请商标'，主要考虑到实际商业活动中，相关商品或者服务从商业策划到实际宣传、推广、投入市场存在一定的时间差，部分市场主体有提前布局商标注册、预防可能的商标抢注或者规避侵犯在先权益的需求，故允许申请人适量申请相关商标。在此尤其需要强调的是，虽然《商标审查审理指南》对上述两种行为给予了一定程度的认定，但这一认可是有限度的，无论哪种情形申请商标都必须适量。超出合理且必要限度地大量申请无真实使用意图商标的过度防御、过度储备行为，尽管不以转让牟利为目的，但同样占用了大量商标和行政资源，也属于扰乱商标注册秩序的行为，依然可以依法认定属于'不以使用为目的的恶意商标注册'。"

从上述一问一答可以看出，对于《商标审查审理指南》中规定的两种例外情形，国家知识产权局采取的是一种"允许但需要适度"的态度，那么很显然，有些善意申请人申请注册的商标，也会成为该条款规制的对象。即便申请人并无"傍名牌""搭便车"的恶意，如果申请注册商标没有"适度"，也会被认为占用了商标和行政资源，扰乱了商标注册秩序。

从近几年的审查实务来看，如果企业在短时间内提交一定数量的商标申请，商标局可能下发商标审查意见书，要求申请人就有无真实使用意图作出说明和举证。对于防御性商标，从目前的审查实务来看，如果防御性商标指定使用商品或服务与主营业务的已注册商标没有关联，且不包含在申请人的经营范围之内，或者防御性商标与主营业务的已注册商标近似度不高，都可能适用该条款被驳回，但若主营业务的已注册商标知名度较高，申请人可尝试提交主营业务已注册商标的宣传和使用证据、针对防御性商标指定类别上抢注商标的异议或无效宣告成功决定或裁定、申请人同行业同体量级别的企业商标申请注册情况。对于已经使用或者有真实意图但暂未投入使用的商标，申请人可参照

---

❶ 《商标审查审理指南》重点问题一问一答——不以使用为目的的恶意商标注册申请的审查审理[EB/OL]．[2023-08-30]．https://www.cnipa.gov.cn/art/2022/2/8/art_66_173092.html．

撤三案件中准备证据的方式，对已经使用了商标的事实或者已经为使用商标做了准备工作的事实进行举证。

【法律依据】

《商标法》

第四条　自然人、法人或者其他组织在生产经营活动中，对其商品或者服务需要取得商标专用权的，应当向商标局申请商标注册。不以使用为目的的恶意商标注册申请，应当予以驳回。

第十条（见本章第一（三）节）

《规范商标申请注册行为若干规定》

第三条　申请商标注册应当遵循诚实信用原则。不得有下列行为：

（一）属于商标法第四条规定的不以使用为目的恶意申请商标注册的；

……

第五条　对申请注册的商标，商标注册部门发现属于违反商标法第四条规定的不以使用为目的的恶意商标注册申请，应当依法驳回，不予公告。

具体审查规程由商标注册部门根据商标法和商标法实施条例另行制定。

第八条　商标注册部门在判断商标注册申请是否属于违反商标法第四条规定时，可以综合考虑以下因素：

（一）申请人或者与其存在关联关系的自然人、法人、其他组织申请注册商标数量、指定使用的类别、商标交易情况等；

（二）申请人所在行业、经营状况等；

（三）申请人被已生效的行政决定或者裁定、司法判决认定曾从事商标恶意注册行为、侵犯他人注册商标专用权行为的情况；

（四）申请注册的商标与他人有一定知名度的商标相同或者近似的情况；

（五）申请注册的商标与知名人物姓名、企业字号、企业名称简称或者其他商业标识等相同或者近似的情况；

（六）商标注册部门认为应当考虑的其他因素。

6）案例

（1）误认

【商评字［2023］第0000182413号】申请人对国家知识产权局驳回其第65886612号"蛋极鲜"商标注册申请不服，向国家知识产权局申请复审。国家知识产权局经审理后认为，申请商标由文字"蛋极鲜"组成，其注册使用在第29类加工过的蛋等商品上，易使消费者对上述商品的品质等特点产生误认，已构成《商标法》第十条第一款第（七）项规定所指情形。

【商评字［2023］第0000178538号】申请人对国家知识产权局驳回其第66181064号"咖咖糊香面"商标注册申请不服，向国家知识产权局申请复审。国家知识产权局经审理后认为，申请商标中含有"糊香面"，用在指定使用的"提供野营场地设施；托儿所服务；出租椅子、桌子、桌布和玻璃器皿"服务上，易导致消费者对服务的内容等特点产生误认，已构成《商标法》第十条第一款第（七）项所指不得作为商标使用之情形。

（2）不良影响

【商评字［2023］第0000179302号】申请人对国家知识产权局驳回其第65530940号"两山禾丰"商标注册申请不服，向国家知识产权局申请复审。国家知识产权局经审理后认为，"两山"用作商标易产生不良影响，申请商标已构成《商标法》第十条第一款第（八）项所指不得作为商标使用的情形。

【商评字［2023］第0000171913号】申请人对国家知识产权局驳回其第64986266号"爸道总裁"商标注册申请不服，向国家知识产权局申请复审。国家知识产权局经审理后认为，申请商标由文字"爸道总裁"组成，其使用在指定服务上，易造成不良社会影响，已构成《商标法》第十条第一款第（八）项所指情形。

（3）地名

【商评字［2023］第0000163624号】申请人对国家知识产权局驳回其第64638780号"广东安业"商标注册申请不服，向国家知识产权局申请复审。国家知识产权局经审理后认为，申请商标中"广东"为我国县级以上行政区划名称，已构成《商标法》第十条第二款所指不得作为商标使用的情形。

【商评字［2022］第0000375596号】申请人对国家知识产权局驳回其第59937273号"美沃奇MILWAUKEE"商标注册申请不服，向国家知识产权局申请复审。国家知识产权局经审理后认为，虽然"Milwaukee"是一个外国地名，但是现有证据尚不足以认定该地名对于中国公众而言具有较高的认知程度。因此，申请商标的申请注册未违反《商标法》第十条第二款的规定。

(4) 囤积

【商评字［2023］第 0000145549 号】申请人对国家知识产权局驳回其第 59912363 号"Z 元域"商标注册申请不服，向国家知识产权局申请复审。国家知识产权局经审理后认为，由查明事实可知，包括申请商标，申请人短期内提交了大量商标注册申请，明显超出正常经营活动需要，且未就使用意图进行合理说明，属于商标法规定的不以使用为目的的恶意商标注册申请，已违反《商标法》第四条规定，应予以驳回。

【商评字［2023］第 0000005624 号】申请人对国家知识产权局驳回其第 53445798 号"抖音"商标注册申请不服，向国家知识产权局申请复审。国家知识产权局经审理后认为，申请人提交的"抖音"品牌实际的使用和宣传等资料、"抖音"系列商标申请注册列表等证据可以证明申请商标不属于不以使用为目的的恶意商标注册申请，未违反《商标法》第四条第一款的规定。

3. 商标近似性

1) 原理

根据《商标法》第三十条、第三十一条的规定，申请注册的商标与他人在先申请或注册在同一种或类似商品或服务上的商标相同或者近似的，予以驳回。

对于《商标法》的上述规定，商标注册申请人一般有所了解，但究竟什么情况下商标是"相同或者近似"的呢？商标注册申请人收到以此为理由的驳回通知书时，有时候会感到十分困惑，因为申请商标和引证商标看上去并不相同或者近似，有时候甚至感觉一点儿都不近似。那么，相同或者近似的判断标准是什么？

《商标审查审理指南》对商标相同或近似进行了下述说明。

商标相同是指两商标在视觉效果上或者声音商标在听觉感知上完全相同或基本无差别。所谓基本无差别是指两商标虽有个别次要部分不完全相同，但主要部分完全相同或者在整体上几乎没有差别，以至于在一般注意力下，相关公众或者普通消费者很难在视觉或听觉上将两者区分开来。商标近似是指文字、图形、字母、数字、三维标志、颜色组合和声音等商标的构成要素在发音、视觉、含义或排列顺序等方面虽有一定区别，但整体差异不大，使用在同一种或者类似商品或者服务上易使相关公众对商品或者服务的来源产生混淆。文字商标的近似应主要考虑形、音、义三个方面；图形商标的近似主要考虑构图、外观及着色；组合商标的近似既要考虑整体表现形式，还要考虑显著部分。商标近似的判定应从商标本身的形、音、义和整体表现形式等方面以相关公众的一般注意力为标准，采用隔离比对、整体比对和要部比对相结合的方法，判断商标标志本身是否相同或者近似。隔离比对是指在判定商标近似时，不能将商标并排放置进行比对，而只能在隔离的状态下分别进行。但在审查商标时，比对只能是直接的、非隔离的，因此，隔离观察在审查中应当尽可能模拟消费者选购商品、服务的场景去判断。整体比对是指应当将两商标进行整体的对比，不能以局部代替整体判断。要部比对是指应对比商标中显著识别的部分。相关公众的一般注意力可以理解为具有普通知识和经验的消费者，在购买商品或接受服务时对该商品或者服务施加的注意力。

上述说明比较抽象，商标注册申请人看了之后可能是一头雾水，还不知道怎么判断商标的相同或近似。事实上，两个商标像还是不像，是一个主观性比较强的事情，但商标的近似性审查是一种行政行为，应当具有一定程度的确定性和稳定性，否则作为行政相对人的商标注册申请人就会无所适从，商标审查工作也无法开展下去。实务中，一般是参考《商标审查审理指南》对商标的相同或近似进行判断，该指南通过举例的方式，详细列举了常见的商标相同或近似的情况。但商标的设计千变万化，该指南不可能穷尽所有商标相同或近似的情况。因此，在根据《商标审查审理指南》也无法判断是否相同或近似时，还是会夹杂一些审查员的主观判断。

截至2023年6月，中国注册商标的存量为4423.5万件。根据国家知识产权局2022年年报，商标注册申请初步审定率仅为52%。大量在先商标的存在和商标局绝对理由的适用，导致商标申请驳回率居高不下。因此，商标注册申请人在提交注册申请前，可以事先利用中国商标网或者其他第三方工具进行商标查询。如前文所述，对查询结果的近似性判断，不能以普通人的角度判断，要结合《商标审查审理指南》以及在先行政裁定决定及判决综合分析，建议委托商标代理机构进行查询。

【法律依据】

《商标法》

第三十条　申请注册的商标，凡不符合本法有关规定或者同他人在同一种商品或者类似商品上已经注册的或者初步审定的商标相同或者近似的，由商标局驳回申请，不予公告。

第三十一条　两个或者两个以上的商标注册申请人，在同一种商品或者类似商品上，以相同或者近似的商标申请注册的，初步审定并公告申请在先的商标；同一天申请的，初步审定并公告使用在先的商标，驳回其他人的申请，不予公告。

2）案例

【商评字［2023］第 0000172095 号】申请人对国家知识产权局驳回其第 65470539 号"凤凰来栖"商标注册申请不服，向国家知识产权局申请复审。国家知识产权局经审理后认为，申请商标"凤凰来栖"与引证商标"凤来栖"相比较，在文字组成、呼叫、整体视觉效果等方面近似。申请商标指定使用的不动产代理、受托管理等复审服务与引证商标核定使用的不动产代理、不动产信托管理等服务属于同一种或类似服务，申请商标与引证商标分别注册使用在上述同一种或类似服务上易导致消费者的混淆误认。因此，申请商标与引证商标已构成使用在同一种或类似服务上的近似商标。

【商评字［2023］第 0000172295 号】申请人对国家知识产权局驳回其第 66870077 号"大憨市集"商标注册申请不服，向国家知识产权局申请复审。国家知识产权局经审理后认为，申请商标"大憨市集"与引证商标"大憨粉面铺子"均包含显著文字"大憨"，双方商标文字构成相近，构成近似商标。申请商标指定使用的货物展出等服务与引证商标核定使用的广告等服务属于同一种或类似服务。申请商标与引证商标共存于市场，易导致相关公众对服务来源产生混淆、误认。申请商标与引证商标构成《商标法》第三十条所指使用在同一种或类似服务上的近似商标。

二、海外商标注册

商标的注册布局是企业商标管理工作最基础的环节，也是最前端的环节，某种意义上说，布局的质量直接决定了企业商标资产的质量以及后续价值实现等其他环节的效果。

从企业商标管理的角度来看，商标的注册布局是一项系统化的工作，需要根据企业自身的业务需求和发展状况，综合考虑注册目的、价值、效能等多方面因素作出的立体化统筹安排。

鉴于商标权的地域性、程序性及独占性等特点，在对国内商标进行布局的同时，许多企业由于存在海外业务发展需求，需要在海外各国寻求商标品牌保护。这就要求企业以市场为导向，根据自身企业发展战略的需要，综合考虑不同国家或地区的法律规定、市场规模、发展前景等因素，制定适合自身发展的商标布局策略。

上文已经对国内商标的注册流程及相关问题进行了详述，那么我国企业或个人应如何注册国外商标呢？国外商标的注册途径主要有两种，一种为单一国家商标注册，另一种为马德里国际商标注册。本节就分别对两种注册途径进行解释。

（一）单一国家商标注册

单一国家商标注册是指企业或个人通过直接指派当地知识产权代理机构等方式，针对自身商标同指定国家/地区的知识产权主管机关处理商标申请业务。通常来讲，我国企业或个人可以到巴黎公约成员国或与我国签订有商标注册互惠协议的国家，如美国、日本、韩国等，进行商标注册；也可以直接就某个商标向区域性组织，如欧盟知识产权组织（EUIPO）、非洲知识产权组织（OAPI）、非洲区域知识产权组织（ARIPO）、比荷卢知识产权局（BOIP）等，办理商标注册。

1. 注册流程和周期

与马德里国际商标注册直接指定进入多国的方式相比，单一国家商标注册具有申请灵活、申请门槛相对较低、风险相对较小、便于跟踪等特点。单一国家商标注册通常审查周期相对较短，比较适合大中型企业或对外维权要求比较高的企业或无国内基础注册、继续在海外获得注册商标或使用商标的企业。

单一国家商标注册过程需要经历四个阶段（见图2-7）。

（1）准备阶段，包括在指定国家对商标进行全面的近似检索，评估商标在指定类别和商品上注册的可行性；确定进入国家；起草、准备商标图样、主体资格证明及委托材料；整理提交申请文件等内容。

（2）审查阶段，即指定国家知识产权局在收到商标注册申请后对收到的材料进行形式审查和实质审查，并最终发出官方文件告知商标申请是否符合要求,审查是否予以通过的过程。

(3)公告阶段,在商标进入公告期的一定时间内,相关权利人可以对进入公告期的商标提出异议,并由相关申请人决定是否撤回申请,或向指定国家的知识产权法院起诉,如异议人胜诉,则申请商标会被撤销;如异议人败诉,商标即成功获准注册,等待下发证书。

(4)下发证书,指定国家知识产权局在商标获准注册后会下发纸质或电子的商标注册证书(为了顺应时代的发展,进一步推进无纸化办公,当前全球多个国家已取消纸质证书,改为颁发电子证书,电子证书同纸质证书具有同等效力)。需要注意的是,商标一旦获准注册,则该注册商标在指定注册国家获得的保护是自申请之日起算的。

单一国家的商标注册周期根据指定进入国家的商标法的规定而存在较大差异,同时,同一国家的审查周期也会受各方面因素的影响而相应地缩短或延长,例如申请人 A 就某商标向 A 国知识产权局提交商标注册申请,但如提交的文件材料不全、信息缺失,抑或未获准注册,会收到 A 国知识产权局下发的审查意见或驳回通知,根据要求可在一定期限内进行答复,审查周期也会相应延长。就当前全球各国的普遍情况来说,单一国家商标注册的审查平均周期通常为 6~15 个月,其中,美国平均审查周期为 9~12 个月,欧盟为 7~12 个月,日本为 6~8 个月,韩国为 7~10 个月。已知平均审查周期最长的国家为加拿大,在加拿大商标注册的平均周期为 583 天,该时间还存在 136 天的标准差,审查周期存在较大波动。

2. 公证认证相关

公证是指公证机关根据当事人的申请,依照法定程序对法律行为和具有法律意义的事实与文件确认其真实性及合法性的专门活动。

认证即通常所说的领事认证,又称"使领馆认证",是指由外交、领事机构证明申请人所提交的文件上最后一个签字或印章属实,从而使该文件具有境外使用的法律效力。

商标确权阶段所需信息和材料最多,通常通过单一国家方式进行商标注册时,提供给外方的信息主要有以下 5 类。

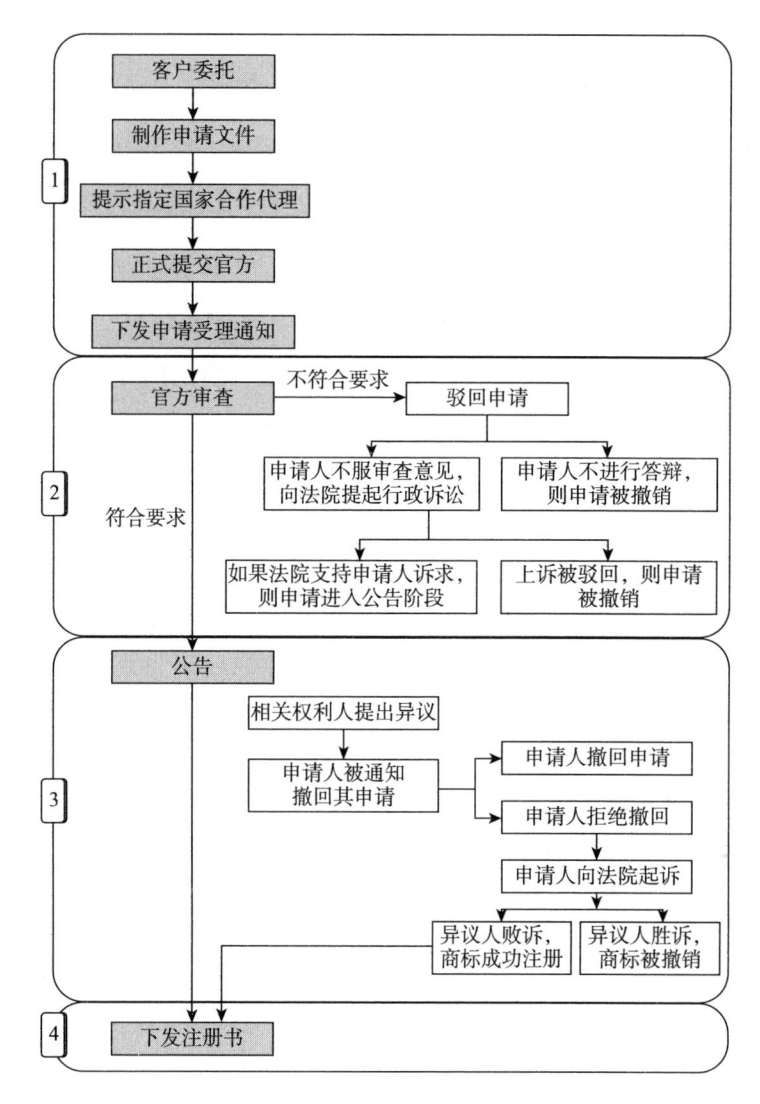

图 2-7 单一国家商标注册流程

（1）接受代理机构的名称、邮寄地址、联系方式（包括电话、传真、电子邮箱）；

（2）商标信息、国际分类、申请人名称、申请人案号、代理机构案号（如有）、优先权（如有）；

（3）申请人签字或盖章的授权委托书；

（4）商标各项具体信息要求，标样通常为 JPEG 格式，如商标为中文汉字，需针对申请商标作进一步文字性说明；

（5）部分国家要求提供申请人营业执照、委托书或其他文件的公证认证文件，需提供相关文件的电子扫描件。

如上所述，办理国际商标业务，主要涉及主体资格的公证认证、授权委托书以及其他权利文件证书注册文件的公证认证问题。

需要注意的是，各个国家对于商标业务文件的审查要求存在一定差异。中国申请人在海外进行涉外商标申请及后续程序（如商标续展、转让等）的推进过程中，除了提交委托书、申请人主体资格证明文件等内容外，在许多国家还需要提交程序性或实质性文件的公证认证材料，主要涉及的业务有以下6类。

（1）商标申请注册：委托书、营业执照、商标使用声明书、中文文字含义的翻译和说明的公证或认证；

（2）商标续展申请：委托书、营业执照、国内商标注册证的公证认证；

（3）申请人/注册人名称地址变更：委托书、营业执照、国内名称地址工商变更证明的公证认证；

（4）转让申请：受让人签订的委托书、受让人和转让人签订的转让协议的公证认证文件；

（5）异议、撤销申请/答辩：委托书、证据材料的公证认证；

（6）行政、民事诉讼：委托书、证据材料、宣誓书的公证认证。

从国际法的角度，在办理民商事商业法律活动中，遵循的是"互惠原则"。针对不同国家/地区的法律特点，其公证认证文件存在以下特点/差异。

（1）通常欧洲、美国、日本、韩国发达国家/地区商标类确权事务基本不需要办理文件的公证认证，甚至不需要委托书，仅需要提供申请人基本信息、商标图样以及商标指定商品/服务项目即可提交商标申请；

（2）东盟、南亚部分国家/地区需要委托书、声明书等程序性文件的公证；

（3）中东、南美及非洲国家对文件要求比较复杂，除了需要委托书、营业执照等公证认证，部分国家还需要申请人提供主体资格和国内商标注册证明的所有权证明文件的公证认证文件；

（4）加勒比地区个别未同中国建交的国家，需要在墨西哥或美国委托第三方机构办理委托文件的公证认证。

3. 查询工具

由于海外商标注册流程的专业性和程序的复杂性，对申请商标跟踪一直是申请人比较头痛的问题。与马德里国际商标注册相比，单一国家商标注册的一大优势在于不仅可以通过各国官网查询自身商标的最新状态，还可以直接对接各国律师，在遇到商标补正、驳回或异议等程序时可以由本地律师针对本国案件提供最及时有效的专业建议。

海外商标主要查询工具如下。

（1）马德里商标状态查询：http：//www.wipo.int/romarin。

（2）各国法律检索 Lex 工具：http：//www.wipo.int/wipolex/zh/。

（3）世界主要国家商标局商标查询系统链接：http：//www.wipo.int/diectory/en/urls.jsp。

（4）Global Brand Database：http：//www.wipo.int/branddb/en/。

（5）欧盟知识产权局（EUIPO）开发的区域性商标检索网站：http：//www.tmdn.org/consent/cookies.html？referer=/tmview/。

（6）美国 TESS 检索系统：http：//www.uspto.gov/trademarks-aoolication-process/search-trademark-database。

（7）澳大利亚知识产权局商标查询系统：http：//pericles.ipaustralia.gov.au/atmoss。

（8）日本特许厅商标查询系统：http：//www.j-platpat.inpit.go.jp/web/all/top/BTmTopEnglishPag。

（9）韩国特许厅商标查询系统：http：//www.kipris.or.kr/enghome/main.jsp。

（二）马德里国际商标注册

马德里国际商标注册就是我们通常所讲的国际商标注册，是根据《商标国际注册马德里协定》（以下简称《马德里协定》）或《商标国际注册马德里协定有关议定书》（以下简称《马德里议定书》）的规定，在马德里联盟的成员国间所进行的商标注册。

我国于1985年加入《保护工业产权巴黎公约》（以下简称《巴黎公约》），

成为《巴黎公约》成员国；1989年加入《马德里协定》，1995年加入《马德里议定书》。

1. 马德里体系及其相关概念

马德里体系是针对全球商标注册和管理的解决方案，是根据《马德里议定书》确立的要求和程序提出的，由每个被指定的马德里体系成员的国内法律决定商标国际注册的保护范围。目前马德里体系共有114个成员，覆盖了全球130个国家/地区，成员贸易量占全球贸易比重的80%以上。对于马德里体系成员内的企业、组织或个人，仅需提交一件马德里商标国际申请，并按照规定缴纳一定的费用，便可在多达130个国家对自己的商标申请保护。通过集中化的马德里体系，企业可实现商标变更、转让、续展或全球商标体系扩展。具有手续方便，费用低廉（申请国家越多、节省费用越多）和查询方便等特点。

申请马德里商标需要具备的条件包括：

（1）申请人需为马德里体系成员国的国民，或在该成员国拥有固定住所或设有真实有效的工商营业场所；如申请人与多个马德里体系成员都有关联（例如居住在美国的中国国民），在两国都有"基础商标"，则可以选择其中一方作为原属国，通过马德里体系提交商标国际申请。

（2）提交商标国际申请前，申请人必须通过本国知识产权局（原属局）注册或申请一个本国国内商标（基础商标/基础注册）。

【法律依据】

《中华人民共和国商标法实施条例》第三十四条　商标法第二十一条规定的商标国际注册，是指根据《商标国际注册马德里协定》（以下简称马德里协定）、《商标国际注册马德里协定有关议定书》（以下简称马德里议定书）及《商标国际注册马德里协定及该协定有关议定书的共同实施细则》的规定办理的马德里商标国际注册。

马德里商标国际注册申请包括以中国为原属国的商标国际注册申请、指定中国的领土延伸申请及其他有关的申请。

第三十五条　以中国为原属国申请商标国际注册的，应当在中国设有真实有效的营业所，或者在中国有住所，或者拥有中国国籍。

第三十六条　符合本条例第三十五条规定的申请人，其商标已在商标局获得注册的，可以根据马德里协定申请办理该商标的国际注册。

符合本条例第三十五条规定的申请人，其商标已在商标局获得注册，或者已向商标局提出商标注册申请并被受理的，可以根据马德里议定书申请办理该商标的国际注册。

第三十九条　商标国际注册申请指定的商品或者服务不得超出国内基础申请或者基础注册的商品或者服务的范围。

2. 注册流程和周期

通常来说，马德里国际商标注册主要分为国际注册和指定缔约国/地区审查等两个阶段，具体经历五个步骤（见图 2-8 和图 2-9）。

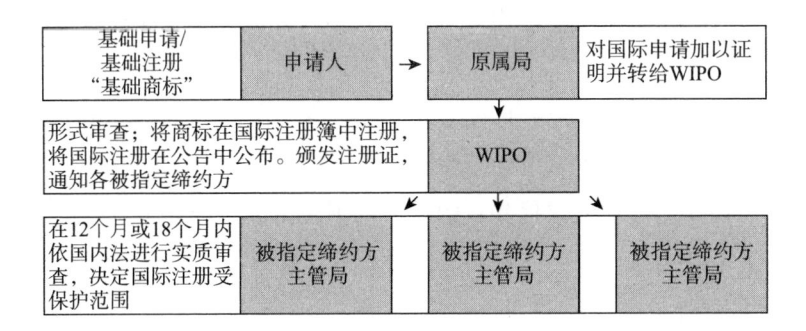

图 2-8　商标国际注册流程

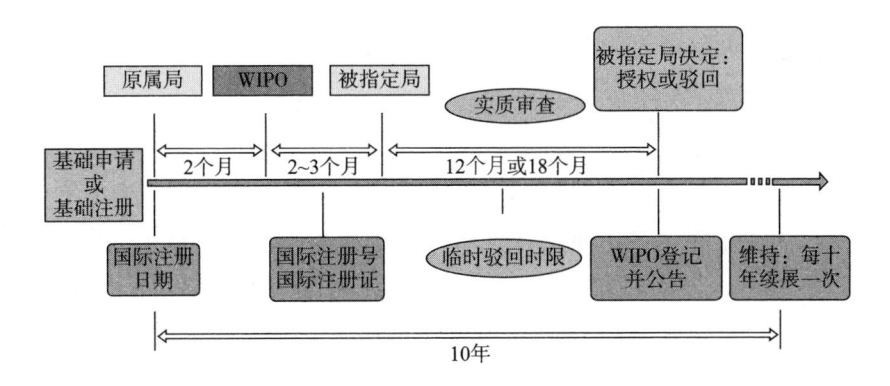

图 2-9　马德里国际商标注册周期

（1）填报商标国际申请。

（2）向原属局提交申请。申请人在国内基础申请/注册收到注册证或者受理通知书后，向国家知识产权局提交马德里国际申请，商标局在收到信息核实后 2 个月内将相关材料转至世界知识产权组织（WIPO）。

(3）形式审查。WIPO 在收到材料后 2~3 个月内对商标进行形式审查[充分的联系信息、至少指定一个马德里体系成员、图样质量、缴费情况等。如提交内容不符合要求，WIPO 会向申请人和申请人原属局发出"不规范通知书"，要求在特定期限内（通常为 3 个月）按要求进行补正说明]。

（4）注册。审查通过后，WIPO 在国际注册簿上登记商标，并在《世界知识产权组织国际商标公告》（WIPO Gazette of International Marks）中公布，向申请人发送注册证——认可符合 WIPO 的形式要求——并通知被指定成员。

（5）实质审查。每个被指定缔约方（指定进入国的主管局）需要对商标进行实质审查，并在规定时限内（通常会视情况在收到 WIPO 被指定信息之日起 12 个月或 18 个月内给出结果）给予或拒绝保护，并将审查结果返给 WIPO，WIPO 将各缔约国结果记录并予以公布。如申请人在 12 个月或 18 个月时限内没有收到任何通知，则默认为给予保护。

基于国内基础注册要求优先权的，需自国内申请日起 6 个月内提交马德里商标申请。

3. 所需材料

马德里国际商标注册所需材料具体如下。

（1）马德里商标国际注册申请书、外文申请书（MM2 表格—书面申请）；

（2）马德里商标注册委托书——加盖公章（扫描件）；

（3）客户营业执照副本复印件——加盖公章（扫描件）；

（4）商标标样；

（5）国内基础注册商标注册证书或受理通知书；

（6）商标确认书（需指明缔约方、类别、申请人中英文名称地址信息等）；

（7）指定美国的，需要一并提交 MM18 表格。

4. 注册费用

与单一国家注册费用构成不同，马德里国际商标注册新申请阶段不需要缴纳国外律师费，仅需根据进入国家、商标类别的不同缴纳一定的官费。马德里国际商标注册的官费主要由基础注册费、单独规费、补充注册费和附加注册费构成，少数国家，例如巴西，在获准注册后还需要缴纳二期注册费（日本已于 2023 年 4 月 1 日正式取消二期注册费，将原先的二期注册费并入单独规费之中）。

（1）基础注册费：黑白商标是 653 瑞士法郎（CHF），彩色商标是 903 瑞士法郎（CHF）。

（2）单独规费：某些缔约方会要求收取单独规费。

（3）补充注册费：选定的商品/服务类别 3 类以内，每个指定缔约方收取 100 瑞士法郎（CHF），要求单独规费的缔约方除外。

（4）附加注册费：针对收取补充注册费的缔约方，如商品/服务的类别超过 3 个，每增加 1 个类别，费用增加 100 瑞士法郎。

举例来说，A 企业想通过马德里途径注册一个黑白商标（3 个类别），指定进入美国、欧盟、日本、韩国、埃及 5 个国家/地区，那么本次马德里注册的费用如表 2-1 所示。

表 2-1　马德里国际商标注册的费用对比

国家/地区	基础费用（CHF）	首类单独规费（CHF）	第二类规费（CHF）	二期注册费（CHF）	我方代理费（RMB）
韩国		224	224×2	0	
日本		304	285×2	0	
美国	653	460	460×2	0	以实际报价为准
欧盟		897	55+164	0	
埃及		100	0	0	
小计（CHF）	653	1985	2157	0	以实际报价为准
总计	4795（CHF）+我方代理费（RMB）				

注：马德里国际注册费用在线计算器：https：//madrid.wipo.int/feecalcapp/。

第三章

商标争议

申请商标经过第二章商标注册介绍的审查之后没有被驳回，该商标也不是一定能够获准注册，即便获准注册了，仍然有可能被宣告无效或者被撤销，这就涉及本章所述的商标争议问题。

一、商标争议类型、流程及周期

（一）商标异议

申请商标提交注册申请后，若审查员认为申请商标没有违反《商标法》的有关规定，也没有在先相同或近似商标，则申请商标会被初步审定公告，公告期间为3个月。在这3个月公告期间内，若在先权利人、利害关系人认为该初步审定公告的商标损害了其在先权利，一般称为相对事由，可以提起异议。另外，对于那些没有损害特定在先权利人、利害关系人在先权利，但商标本身因违反了《商标法》有关规定而不能作为商标使用或者注册的商标，一般称为绝对事由，任何人均可以提起异议。

异议流程具体如下：异议人向国家知识产权局提起异议，国家知识产权局向被异议人发出答辩通知并将异议人的申请材料转交被异议人，被异议人进行答辩，国家知识产权局根据双方提交的材料进行审理后下发决定书。异议的后续流程因决定书的内容而异，若决定的内容为准予注册，则被异议商标会获准注册，异议人可以继续向国家知识产权局提出针对被异议商标的无效宣告申请；若决定的内容为不予注册，则被异议人可以向国家知识产权局提起不予注册复审申请。

不予注册复审申请的流程具体如下：原被异议人向国家知识产权局提起不予注册复审申请，国家知识产权局向原异议人发出参加不予注册复审通知并将原被异议人的申请材料转交原异议人，原异议人提出意见，国家知识产权局向原被异议人发出答辩通知并将原异议人提出的意见转交原被异议人，原被异议人进行答辩，国家知识产权局根据双方提交的材料进行审理后下发决定书。若任何一方不服该决定，均可以向北京知识产权法院提起行政诉讼。

异议的法定审查周期为自公告期满之日起几个月，特殊情况下，经相关部门批准，可以延长6个月。

不予注册复审的法定审查周期为自收到申请之日起几个月内，特殊情况下，经相关部门批准，可以延长6个月。

【法律依据】

《商标法》第三十三条 对初步审定公告的商标，自公告之日起三个月内，在先权利人、利害关系人认为违反本法第十三条第二款和第三款、第十五条、第十六条第一款、第三十条、第三十一条、第三十二条规定的，或者任何人认为违反本法第四条、第十条、第十一条、第十二条、第十九条第四款规定的，可以向商标局提出异议。公告期满无异议的，予以核准注册，发给商标注册证，并予公告。

第三十五条第一款至第三款 对初步审定公告的商标提出异议的，商标局应当听取异议人和被异议人陈述事实和理由，经调查核实后，自公告期满之日起十二个月内做出是否准予注册的决定，并书面通知异议人和被异议人。有特殊情况需要延长的，经国务院工商行政管理部门批准，可以延长六个月。

商标局做出准予注册决定的，发给商标注册证，并予公告。异议人不服的，可以依照本法第四十四条、第四十五条的规定向商标评审委员会请求宣告该注册商标无效。

商标局做出不予注册决定，被异议人不服的，可以自收到通知之日起十五日内向商标评审委员会申请复审。商标评审委员会应当自收到申请之日起十二个月内做出复审决定，并书面通知异议人和被异议人。有特殊情况需要延长的，经国务院工商行政管理部门批准，可以延长六个月。被异议人对商标评审委员会的决定不服的，可以自收到通知之日起三十日内向人民法院起诉。人民法院应当通知异议人作为第三人参加诉讼。

（二）商标无效宣告

申请商标被初步审定公告之后，若公告期间他人未提起异议，或者异议的审理结果为准予注册，则该商标会被核准注册。该商标被核准注册之后，在先权利人、利害关系人认为该注册商标损害了其在先权利，可以提起无效宣告申请。需要注意的是，根据在先权利提起无效宣告的时限为自商标注册之日起 5 年内，超过 5 年的，不能再根据在先权利提起无效宣告申请，但对于恶意注册的，驰名商标所有人不受 5 年的时间限制。而对于那些没有损害特定在先权利人、利害关系人在先权利，但商标本身因违反了《商标法》有关规定而不能作为商标使用或者注册的商标，国家知识产权局可以主动宣告该注册商标无效，其他单位或者个人也可以提起无效宣告申请。在实践中，国家知识产权局主动宣告注册商标无效的案件非常少，因此在此仅介绍其他单位或者个人提起无效宣告申请的情形。

无效宣告的流程具体如下：申请人向国家知识产权局提起无效宣告申请，国家知识产权局向被申请人发出答辩通知，被申请人进行答辩，国家知识产权局向申请人发出证据交换通知并将被申请人的答辩材料转交申请人，申请人进行质证，国家知识产权局根据双方提交的材料进行审理后下发裁定书。若任何一方不服该裁定，均可以向北京知识产权法院提起行政诉讼。

无效宣告的法定审查周期分为两种情况。因绝对事由提起的无效宣告申请，审查周期为自收到申请之日起 9 个月内，特殊情况下，经相关部门批准，可以延长 3 个月。因相对事由提起的无效宣告申请，审查周期为自收到申请之日起 12 个月内，特殊情况下，经相关部门批准，可以延长 6 个月。

【法律依据】

《商标法》第四十四条 已经注册的商标，违反本法第四条、第十条、第十一条、第十二条、第十九条第四款规定的，或者是以欺骗手段或者其他不正当手段取得注册的，由商标局宣告该注册商标无效；其他单位或者个人可以请求商标评审委员会宣告该注册商标无效。

商标局做出宣告注册商标无效的决定，应当书面通知当事人。当事人对商标局的决定不服的，可以自收到通知之日起十五日内向商标评审委员会申请复审。商标评审委员会应当自收到申请之日起九个月内做出决定，并书面通知当事人。有特殊情况需要延长的，经国务院工商行政管理部门批准，可以延长三个月。当事人对商标评审委员会的决定不服的，可以自收到通知之日起三十日内向人民法院起诉。

其他单位或者个人请求商标评审委员会宣告注册商标无效的，商标评审委员会收到申请后，应当书面通知有关当事人，并限期提出答辩。商标评审委员会应当自收到申请之日起九个月内做出维持注册商标或者宣告注册商标无效的裁定，并书面通知当事人。有特殊情况需要延长的，经国务院工商行政管理部门批准，可以延长三个月。当事人对商标评审委员会的裁定不服的，可以自收到通知之日起三十日内向人民法院起诉。人民法院应当通知商标裁定程序的对方当事人作为第三人参加诉讼。

第四十五条 已经注册的商标，违反本法第十三条第二款和第三款、第十五条、第十六条第一款、第三十条、第三十一条、第三十二条规定的，自商标注册之日起五年内，在先权利人或者利害关系人可以请求商标评审委员会宣告该注册商标无效。对恶意注册的，驰名商标所有人不受五年的时间限制。

商标评审委员会收到宣告注册商标无效的申请后，应当书面通知有关当事人，并限期提出答辩。商标评审委员会应当自收到申请之日起十二个月内做出维持注册商标或者宣告注册商标无效的裁定，并书面通知当事人。有特殊情况需要延长的，经国务院工商行政管理部门批准，可以延长六个月。当事人对商标评审委员会的裁定不服的，可以自收到通知之日起三十日内向人民法院起诉。人民法院应当通知商标裁定程序的对方当事人作为第三人参加诉讼。

商标评审委员会在依照前款规定对无效宣告请求进行审查的过程中，所涉及的在先权利的确定必须以人民法院正在审理或者行政机关正在处理的另一案件的结果为依据的，可以中止审查。中止原因消除后，应当恢复审查程序。

(三) 通用名称撤销/无效

注册商标成为其核定使用的商品的通用名称的，任何单位或者个人可以向国家知识产权局申请撤销该注册商标。另外，因通用名称作为商标缺乏显著性，任何单位或个人均可以向国家知识产权局申请对该注册商标予以无效宣告。无效宣告的流程及周期已经在前文中予以介绍，在此仅介绍撤销的流程及周期。

撤销通用名称商标的流程具体如下：申请人向国家知识产权局提起撤销申请，国家知识产权局向被申请人发出答辩通知，被申请人进行答辩，国家知识产权局根据双方提交的材料进行审理后下发决定书。任何一方不服该决定，均可以向国家知识产权局申请撤销复审。

撤销复审的流程具体如下：申请人向国家知识产权局提起撤销复审申请，国家知识产权局向被申请人发出答辩通知并将申请人的申请材料转交被申请人，被申请人进行答辩，国家知识产权局向申请人发出证据交换通知并将被申请人的答辩材料转交申请人，申请人进行质证，国家知识产权局根据双方提交的材料进行审理后下发决定书。若任何一方不服该决定，均可以向北京知识产权法院提起行政诉讼。

【法律依据】

《商标法》第四十九条 商标注册人在使用注册商标的过程中，自行改变注册商标、注册人名义、地址或者其他注册事项的，由地方工商行政管理部门责令限期改正；期满不改正的，由商标局撤销其注册商标。

注册商标成为其核定使用的商品的通用名称或者没有正当理由连续三年不使用的，任何单位或者个人可以向商标局申请撤销该注册商标。商标局应当自收到申请之日起九个月内作出决定。有特殊情况需要延长的，经国务院工商行政管理部门批准，可以延长三个月。

第五十四条 对商标局撤销或者不予撤销注册商标的决定，当事人不服的，可以自收到通知之日起十五日内向商标评审委员会申请复审。商标评审委员会应当自收到申请之日起九个月内作出决定，并书面通知当事人。有特殊情况需要延长的，经国务院工商行政管理部门批准，可以延长三个月。当事人对商标评审委员会的决定不服的，可以自收到通知之日起三十日内向人民法院起诉。

（四）三年不使用撤销

注册商标没有正当理由连续3年不使用的，任何单位或者个人可以向国家知识产权局申请撤销该注册商标。

3年不使用撤销的流程具体如下：申请人向国家知识产权局提起申请，国家知识产权局向被申请人发出提供使用证据通知，被申请人提交使用证据，国家知识产权局对证据进行审理后下发决定书。任何一方对该决定书不服均可以向国家知识产权局提起撤销复审。

撤销复审的流程具体如下：申请人向国家知识产权局提起撤销复审申请，

国家知识产权局向被申请人发出答辩通知并将申请人的申请材料转交被申请人，被申请人进行答辩，国家知识产权局向申请人发出证据交换通知并将被申请人的答辩材料转交申请人，申请人进行质证，国家知识产权局根据双方提交的材料进行审理后下发决定书。若任何一方不服该决定，均可以向北京知识产权法院提起行政诉讼。

3年不使用撤销的法定审查周期为自收到申请之日起9个月内，特殊情况下，经相关部门批准，可以延长3个月。

撤销复审的法定审查周期为自收到申请之日起9个月内，特殊情况下，经相关部门批准，可以延长3个月。

【法律依据】
《商标法》第四十九条、第五十四条［见本章第一（三）节］

二、商标争议审查要点

（一）抢注他人商标

1. 原理

若企业发现自己使用的商标被他人抢先注册，可以通过前述商标争议程序提起异议、无效宣告或者撤销，撤销在下文中予以介绍，在此仅介绍异议和无效宣告。中国商标专用权采用的是注册取得制，但对在先使用未注册的商标也会给予一定程度的保护。一般情况下，要获得保护，需要在先使用未注册商标具有一定影响和知名度，但若抢注人与权利人存在代理、代表关系或者其他特定关系，对在先使用未注册商标的使用情况则没有要求或者要求较低。

1）代理人或代表人抢注

代理人包括《中华人民共和国民法典》中规定的代理人，也包括经销商，实践中经销商抢注的情况较为多见。代表人是指法定代表人、董事、监事、经理、合伙事务执行人等人员。代理人或代表人因其与被代理人或被代表人之间存在的授权或从属关系而容易获悉企业的商标使用和注册情况。若企业发现代理人或者代表人抢注了其商标，可以依据《商标法》第十五条第一款提起异议或者无效宣告。

根据《商标审查审理指南》的规定，上述条款的适用条件如下。

(1) 系争商标注册申请人是商标所有人的代理人或者代表人；

(2) 系争商标与被代理人、被代表人商标使用在同一种或者类似的商品或者服务上；

(3) 系争商标与被代理人、被代表人的商标相同或者近似；

(4) 代理人或者代表人不能证明其申请注册行为已取得被代理人或者被代表人的授权。

对于上述使用条件（1），该条件是此类案件审查的重点，需要企业收集证据加以证明。在认定代理人方面，若双方签订了代理、经销合同，一般比较容易认定双方之间的代理关系。但实践中，很多企业没有签订代理、经销合同，这种情况下就要收集双方之间的交易凭证、采购资料、往来邮件等来证明代理关系。在认定代表人方面，可以提供企业注册登记资料、企业工资表、劳动合同、任职文件、社会保险、医疗保险等材料来证明代表关系。另外，在建立代理或者代表关系的磋商阶段或者代理、代表关系结束后，代理人、代表人抢注被代理人、被代表人商标的情况都适用《商标法》第十五条第一款的规定。在实践中，为规避该条款的适用，很多代理人、代表人会选择以他人名义进行申请，这种情况下，需要企业积极收集证据，证明代理人、代表人与实际申请注册人的关系，若能够证明双方串通合谋，仍然可以适用该条款。

对于上述适用条件（2），主要以《类似商品和服务区分表》为依据，例外情况下也会考虑商品或服务之间的关联程度，但突破区分表的情况较少。

对于上述适用条件（3），主要依据《商标审查审理指南》第五章"商标相同、近似的审查审理"可以作出判断。

对于上述适用条件（4），如果企业已经授权代理人或者代表人申请注册其商标，则其维权会比较困难，所以企业在授权时一定要慎重考虑，为避免将来可能发生的纠纷，尽量自己申请注册商标，如果确需代理人或者代表人申请注册商标，也一定要签订协议，落实好双方的权利和义务。

除了上述适用条件的问题，系争商标的权属问题是此类案件需要关注的。实践中，很多企业主观上认为系争商标是自己的商标，但因为在商标的设计、使用和宣传过程中，代理人、代表人均参与其中，导致系争商标的权属难以认定。因此，企业在与代理人、代表人的合作中，一定要注意明确商标的权属，最好落实到合同中。

2) 特定关系人抢注

商标抢注人与权利人之间具有前文所述代理人、代表人关系以外的合同、业务往来关系或者其他关系的，权利人可以根据《商标法》第十五条第二款针对被抢注商标提起异议或无效宣告。

根据《商标审查审理指南》的规定，上述条款的适用条件如下。

（1）他人商标在系争商标申请之前在先使用；

（2）系争商标注册申请人与商标在先使用人存在合同、业务往来关系或者其他关系，因该特定关系注册申请人明知他人商标的存在；

（3）系争商标指定使用在与他人在先使用商标同一种或者类似的商品或者服务上；

（4）系争商标与他人在先使用商标相同或者近似。

对于上述适用条件（1），与《商标法》第十五条第一款的适用条件对比，可以看出第十五条第一款不需要权利人证明"在先使用"，即使该商标只是处于设计阶段，也可以适用第十五条第一款，但适用第十五条第二款，则需要证明"在先使用"，但对于"在先使用"的要求并不高，不需要证明具有一定影响和知名度，使用前为投入市场所做的准备也可以判定为"在先使用"。

对于上述适用条件（2），《商标审查审理指南》列举了买卖关系；委托加工关系；加盟关系（商标使用许可）；投资关系；赞助、联合举办活动；业务考察、磋商关系；广告代理关系；亲属关系；隶属关系（例如除第十五条第一款规定的代表人以外的其他普通员工）；商标申请人与在先使用人营业地址邻近等常见的特定关系，但注意该列举并非穷尽性列举。实践中，对于是否存在特定关系的判定，是此类案件审查的重点，权利人需要收集证据证明双方存在特定关系。常见的证据有合同、信函、交易凭证、采购资料、企业的工资表、劳动合同、社会保险、医疗保险材料、户口登记证明等。此外，虽非以特定关系人名义申请注册，但有证据证明，注册申请人与特定关系人具有串通合谋行为的，属于《商标法》第十五条第二款所指特定关系人的抢注行为。

对于上述适用条件（3）和（4），与代理人或代表人抢注相同，在此不再赘述。

3）抢注他人在先使用商标

若抢注人与商标权利人之间不存在上文所述的代理、代表关系或特定关系，可以依据《商标法》第三十二条的规定对他人抢注的商标提起异议或无效宣告。

根据《商标审查审理指南》的规定，上述条款的适用条件如下。

（1）他人商标在系争商标申请日之前已经在先使用并有一定影响；

（2）系争商标与他人商标相同或者近似；

（3）系争商标所指定的商品或者服务与他人商标所使用的商品或者服务原则上相同或者类似；

（4）系争商标申请人采取了不正当手段。

对于上述适用条件（1），与《商标法》第十五条第二款相比，可以看出对"在先使用"的要求进一步提高，需要达到"有一定影响"的程度。事实上，《商标法》对上文所述存在代理、代表关系和特定关系的商标的保护，以及对此处不存在这些关系的商标的保护，都是对未注册商标的保护。但如前文所述，中国商标专用权采用的是注册取得制，因此对未注册商标的保护力度是有限的，通常为了维护已经形成的市场秩序，避免消费者混淆，只保护具有一定影响和知名度的未注册商标。在存在代理、代表关系及特定关系的情况下，代理人、代表人、特定关系人的抢注行为违背了诚实信用原则，因此对未注册商标的影响和知名度程度未作要求，这也是为了与《巴黎公约》保持一致。实践中，很多企业针对他人抢注的商标提起异议或无效宣告，都因其在先使用商标没有达到具有一定影响和知名度的程度而未获支持。因此在此类案件中，企业应当着力收集商标使用和宣传的证据，以尽量提高成功的概率。常见的证据有：合同、发票等交易类证据；电视、报纸等宣传类证据；展览会等参展证据；获奖记录；商标之前受到行政、司法保护的记录等。证据上应尽量显示商标权利人、商标、商标所使用的商品或服务、使用的时间等信息。使用时间应为系争商标申请日之前。证据所涉及的地域范围最好广一些，不要只涉及一个省市，尽量覆盖全国不同省市；证据涉及的时间跨度最好也要长一些，从最开始使用，到系争商标申请日之间的尽量都提供。

对于上述适用条件（2）和（3），与代理人、代表人以及特定关系人抢注的适用条件相同，在此不再赘述。

对于上述适用条件（4），"不正当手段"是指抢注人具有借助商标权利人及其在先使用商标知名度牟利的恶意，但从商标权利人的角度而言，找到直接证明抢注人恶意的证据实际上是非常困难的，毕竟恶意是一种主观意识。因此，在实际审查中，若能提交证据证明抢注人明知或者应知他人在先使用未注册商标存在而抢先注册，可认定为"不正当手段"。常见的证据有：双方曾有合作或磋商；双方地域相近；双方属于同行；双方曾发生过纠纷；双方曾有内部人员往来；双方具有亲属关系；抢注人利用在先使用人有一定影响商标的声誉和影响力进行误导宣传，胁迫在先使用人与其进行贸易合作，向在先使用人或者他人索要高额转让费、许可使用费或者侵权赔偿金等；他人商标具有较强显著性或较高知名度，系争商标与之相同或高度近似。

【法律依据】

《商标法》第十五条　未经授权，代理人或者代表人以自己的名义将被代理人或者被代表人的商标进行注册，被代理人或者被代表人提出异议的，不予注册并禁止使用。

就同一种商品或者类似商品申请注册的商标与他人在先使用的未注册商标相同或者近似，申请人与该他人具有前款规定以外的合同、业务往来关系或者其他关系而明知该他人商标存在，该他人提出异议的，不予注册。

第三十二条　申请商标注册不得损害他人现有的在先权利，也不得以不正当手段抢先注册他人已经使用并有一定影响的商标。

2. 案例

1）代理人或代表人抢注

【（2022）商标异字第0000163813号】异议人广州市八骏车品汽车用品有限公司、福建八马茶业有限公司对被异议人唐某儿经初步审定并刊登在第1767期商标公告第57046255号"八骏祥马"商标提出异议，国家知识产权局经审理后认为，被异议商标"八骏祥马"指定使用商品为第12类"陆、空、水或铁路用机动运载工具；拖车（车辆）；汽车；汽车车身；汽车减震器；气囊（汽车安全装置）；补内胎用全套工具；运载工具用悬置减震器；运载工具用操纵杆；运载工具座椅头靠"。异议人广州市八骏车品汽车用品有限公司提交的其与被异议人签订的《八骏祥马神绣360合作协议》、与广东好车搜寻记汽车销售有限公司签订的《八骏祥马2020年【广东】（省）代理合作协议》、国家企业信用信息公示系统上关于"广东好车搜寻记汽车销售有限公司"的信息截图等证据可以证明，"八骏祥马"为异议人在先使用的商标，在被异议商标申请日前，被异议人关联公司系异议人"八骏祥马神绣360"品牌经销商，与异议人存在经销代理关系，其理应知晓"八骏祥马"为异议人在先使用的商标。被异议人未经异议人的许可，将与异议人商标基本相同的被异议商标申请注册在指定商品项目上，已构成《商标法》第十五条第一款所指之情形。

【（2022）商标异字第0000031220号】异议人新道信创意设计咨询（上海）有限公司对被异议人新道信艺术设计咨询（上海）有限公司经初步审定并刊登在第1722期商标公告第42183787号"SANDERSON"商标提出异议，国家知识产权局经审理后认为，被异议商标"SANDERSON"指定使用服务为第41类"幼儿园；组织教育或娱乐竞赛；除广告以外的版面设计；录像带发行；游乐园服务；翻译；娱乐（水上公园和娱乐中心）；为儿童提供游乐设施；儿童动物园"，申请日期为2019年11月7日。该案中异议人提交的异议人与多个客户签订的设计合同和发票；参加相关展会的合同及图片；委派刘某曲担任公司董事的委派书及免去刘某曲董事职务的股东决定等证据可以证明，在被异议商标申请注册前，异议人在游乐园等服务经营活动中已在先使用"SANDERSON"商标。在此期间被异议人法定代表人刘某曲曾为异议人公司董事，其对异议人在先使用的"SANDERSON"商标理应知晓。被异议商标与异议人在先使用商标字母构成相同，指定使用于类似及相关服务上易使消费者将其与异议人相联系，从而对服务来源产生误认。被异议商标的申请注册已构成《商标法》第十五条第一款规定之情形。

2）特定关系人抢注

【（2023）商标异字第0000026767号】异议人多弗罗有限公司对被异议人励保（上海）商贸合伙企业（有限合伙）经初步审定并刊登在第1775期商标公告第57821916号"保丽安 POLYSAFE"商标提出异议，国家知识产权局经审理后认为，异议人称被异议人恶意抢注其商标，并提供了企业官网宣传、异议人与上海励创商贸有限公司合作发票、参展资料、励保（上海）商贸合伙企业（有限合伙）企业信息等证据材料。上述证据可以证明："POLY"系列是异议人于"地板"等商品上在先使用并具有一定影响力的商标。被异议人为上海励创商贸有限公司股东，上海励创商贸有限公司曾多次与异议人进行销售合作。由此，可以推定被异议人在申请被异议商标前，对异议人及其在先使用的"POLY"系列商标明确知晓,在未经异议人授权的情况下,被异议人以自身名义将被异议商标申请注册在与异议人在先使用并具有一定影响力的商标指定使用商品相同的商品或者关联度较高的商品上,已构成《商标法》第十五条第二款所指的抢注他人在先使用商标的情形。

【(2023)商标异字第0000011251号】异议人苏州艺彩橙教育科技有限公司对被异议人徐州艺彩橙艺术教育培训有限公司经初步审定并刊登在第1769期商标公告第59164043号"艺彩橙"商标提出异议,国家知识产权局经审理后认为,被异议商标"艺彩橙"指定使用于第41类"教育;组织教育或娱乐竞赛"等服务上。异议人称被异议人抢注其商标,违反《商标法》第十五条第二款的规定,并提供了艺术教育品牌加盟授权合作协议、艺彩橙微信公众号搜索页面、国家企业信用信息公示系统中关于被异议人及其关联公司截图等证据。上述证据可以证明,"艺彩橙"是异议人在先使用于"教育"服务上的商标,在被异议商标申请注册前,被异议人关联公司与异议人存在加盟关系,对异议人在先商标及服务明确知晓。被异议商标与异议人在先使用的商标文字相同,其指定使用服务亦与异议人所从事的服务密切相关。因此被异议人申请注册被异议商标的行为已构成《商标法》第十五条第二款所指情形。

3)抢注他人在先使用商标

【(2022)商标异字第0000150547号】异议人派拉美克斯安全产品有限责任公司对被异议人陈某科经初步审定并刊登在第1766期商标公告第58702198号"保莱迈科斯 PYRAMEX SAFETY"商标提出异议,国家知识产权局经审理后认为,异议人称被异议人恶意抢注其在先使用商标,并提交了"PYRAMEX"牌产品国际销售数据表格;其产品中国地区销售数据;京东店铺"众和运动户外专营店"的"PYRAMEX"防护眼镜商品销售页面;淘宝搜索"PYRAMEX"的结果页面;关键词为"PYRAMEX"的百度搜索结果截图等证据材料。在案证据显示在被异议商标申请注册前,异议人已在中国大陆地区将"PYRAMEX"商标使用在"护目镜"等商品上并具有一定消费群体,被异议人有知晓异议人在先使用商标的可能。"PYRAMEX"非英文固有词汇,具有一定独创性,被异议商标与异议人在先使用商标的字母组合接近,且被异议人未对被异议商标的独立创作来源作出合理解释。被异议人未经异议人许可,在"眼镜链;太阳镜;防护面罩用镜片"等商品上申请注册与异议人在先使用商

标 "PYRAMEX" 近似的被异议商标，已构成《商标法》第三十二条规定 "以不正当手段抢先注册他人已经使用并有一定影响的商标" 之情形。

【商评字〔2023〕第 0000108512 号】申请人对第 40712968 号 "天为电信" 商标提出无效宣告请求，国家知识产权局经审理后认为，在争议商标申请日前，申请人的 "天为电信" 品牌光纤收发器、光猫、视频光端机等通信传输设备通过宣传销售在市场上已具有一定影响，申请人地处广东省广州市，被申请人位于广东省深圳市，双方所处地域邻近，被申请人对申请人上述 "天为电信" 商标理应知晓，却在与申请人主营商品相类似的交换机等商品上将与申请人 "天为电信" 商标完全相同的标识作为争议商标注册为己有，有违诚实信用原则，属不当注册行为，因此，争议商标的注册已构成《商标法》第三十二条所指的 "以不正当手段抢先注册他人已经使用并具有一定影响的商标" 的情形。

（二）侵犯他人在先申请/注册商标

1. 原理

若企业发现他人申请注册的商标与自身已经申请或注册商标相同或者近似，可以依据《商标法》第三十条、第三十一条的规定，对该商标提起异议或无效宣告。该类案件通常审查商标的近似性以及商品的类似性。

首先，关于商标的近似性审查问题，在第二章进行了介绍。那么在异议和无效宣告案件中对商标近似性的审查，与前述商标注册申请过程中的审查，其规则是不是一致的呢？在商标注册申请过程中，由于申请量非常大，而且引证商标的权利人也没有参与其中陈述意见，因此基本上只就商标本身的近似性进行审查，不考虑其他因素。实践中，编者发现，很多恶意商标申请人为了规避商标申请注册过程中的近似性审查，会对商标进行特殊设计，使审查员难以发现申请商标与引证商标的近似性。但在异议和无效宣告中，权利人可以详细阐述申请商标与引证商标之间是如何近似的，还可以就其他加重相关公众混淆的因素予以详细阐述，比如在先商标的显著性、在先商标的知名度、相关公众的注意程度、商标申请人的主观意图等。值得注意的是，《商标法》第五十七条第（二）项关于民事侵权案件中侵犯注册商标专用权行为规定，是以 "容易导致混淆" 为判定标准的，但异议和无效宣告的法律依据，即《商标法》第三十条、第三十一条，并没有关于"容易导致混淆"的内容，所以，无论是从法律规定还是从实践来看，异议和无效宣告案件中对商标近似性的判断，还是主要以商标本身的近似程度为判读标准，其他容易导致混淆的因素只是作为参考。即便如此，在异议和无效宣告中，企业还是应当尽量对其他容易导致混淆的因素积极进行举证，证据的证明力越强，对案件的影响就会越大。

其次，对于商品类似性的审查，商标注册申请过程中的审查，基本上也不考虑其他因素，以《类似商品和服务区分表》为依据。但在异议和无效宣告中，若申请商标与引证商标的商品或服务按照《类似商品和服务区分表》的划分是不类似的，那么可就商品或服务之间的关联性进行阐述，比如行业之间的关联性以及销售渠道、销售场所、消费对象之间的一致性。此外，若能够就容易导致混淆的其他因素进行充分的举证，则可以进一步增加突破区分表的可能性。但需要注意的是，实践中突破区分表认定商品或服务类似的案例较少，法院对该问题的态度相对国家知识产权局会相对宽松一些。

【法律依据】

《商标法》第三十条　申请注册的商标，凡不符合本法有关规定或者同他人在同一种商品或者类似商品上已经注册的或者初步审定的商标相同或者近似的，由商标局驳回申请，不予公告。

第三十一条　两个或者两个以上的商标注册申请人，在同一种商品或者类似商品上，以相同或者近似的商标申请注册的，初步审定并公告申请在先的商标；同一天申请的，初步审定并公告使用在先的商标，驳回其他人的申请，不予公告。

第五十七条　有下列行为之一的，均属侵犯注册商标专用权：

（一）未经商标注册人的许可，在同一种商品上使用与其注册商标相同的商标的；

（二）未经商标注册人的许可，在同一种商品上使用与其注册商标近似的商标，或者在类似商品上使用与其注册商标相同或者近似的商标，容易导致混淆的；

（三）销售侵犯注册商标专用权的商品的；

（四）伪造、擅自制造他人注册商标标识或者销售伪造、擅自制造的注册商标标识的；

（五）未经商标注册人同意，更换其注册商标并将该更换商标的商品又投入市场的；

（六）故意为侵犯他人商标专用权行为提供便利条件，帮助他人实施侵犯商标专用权行为的；

（七）给他人的注册商标专用权造成其他损害的。

2. 案例

【（2022）商标异字第 0000046063 号】异议人西格玛姆乐器有限公司对被异议人浙大网新科技股份有限公司经初步审定并刊登在第 1741 期商标公告第 51873255 号"INSIGMA"商标提出异议，国家知识产权局经审理后认为，被异议商标"INSIGMA"指定使用于第 15 类"乐器、弦乐器用松香"等商品上。异议人引证在先注册的第 12243061 号"SIGMA 及图"商标核定使用于第 15 类"啤吉他、原声吉他"等商品上。双方商标指定使用商品在功能、用途、消费渠道以及消费对象等方面基本相同，属于类似商品。双方商标在字母构成及整体外观等方面相近，故双方商标构成使用于类似商品上的近似商标，并存使用易造成消费者混淆误认。

【商评字［2023］第 0000103600 号】争议商标的显著识别认读汉字"冠军"与引证商标一至五在文字构成、呼叫及含义上相近，应判为近似商标。争议商标指定使用的第 19 类"石膏板"商品与引证商标一至五核定使用的第 19 类"瓷砖、木地板、建筑石料、大理石、人造石"等商品在功能用途、生产部门、销售场所、消费对象等方面具有密切的关联性。加之，申请人提交的在案证据可以证明，在争议商标申请日之前，申请人的"冠军"商标在第 19 类"瓷砖、建筑石料"商品上已经具有一定的知名度。若争议商标与引证商标一至五并存于市场，易使相关公众误认为争议商标所标识的商品源自申请人，或与申请人存在某种特定联系，从而产生混淆误认。因此，争议商标与引证商标一至五已构成《商标法》第三十条所指情形。

（三）侵犯他人其他在先权利

1. 原理

企业对他人商标提起争议，不仅可以依据在先商标权，也可以依据《商标法》第三十二条规定的其他在先权利提起争议。常见的在先权利有字号权，著作权，外观设计专利权，姓名权，肖像权，地理标志，有一定影响的商品或服务名称、包装、装潢以及应予保护的其他合法在先权益。

1）字号权

根据《商标法》第三十二条主张字号权的适用要件如下。

（1）在系争商标申请注册日之前，他人已在先登记或使用其字号。

（2）在系争商标申请注册日之前，该字号在中国相关公众中已具有一定的知名度。

（3）系争商标的注册与使用容易导致中国相关公众误以为该商标所标示的商品或者服务来自字号权人，或者与字号权人有某种特定联系，致使在先字号权人的利益可能受到损害。

关于上述适用要件（1），即需要提供证据证明字号权先于系争商标申请注册日。

关于上述适用要件（2），因中国商标专用权采取注册取得制，字号权作为一种在先权利，并未作为商标注册，因此对其保护力度有限，只保护已具有一定知名度的。证明知名度的证据类型可以参照下文中驰名商标和《商标法》第三十二条后半段"已经使用并有一定影响的商标"。

关于上述适用要件（3），原则上系争商标与在先字号相同或基本相同时容易产生混淆，但在个案中应根据在先字号的独创性、知名度对系争商标与字号是否构成基本相同进行判断。其次，对在先字号权的保护原则上应当以与字号权人实际经营的商品或者服务相同或者类似的商品或者服务为限，但在个案中应根据在先字号的独创性、知名度，以及双方商品或者服务的关联程度，具体确定该在先字号的保护范围。

2）著作权

根据《商标法》第三十二条主张著作权的适用要件如下。

（1）在系争商标申请注册之前他人已在先享有著作权，且该著作权在保护期限内。

（2）系争商标与他人在先享有著作权的作品相同或者实质性相似。

（3）系争商标注册申请人接触过或者有可能接触到他人享有著作权的作品。

（4）如果系争商标注册申请人能够证明系争商标是独立创作完成的，则不构成对他人在先著作权的损害。

（5）系争商标的注册申请未经著作权人许可。

（6）系争商标注册人主张系争商标的注册申请取得了著作权人许可的，应承担许可事实的举证责任。

关于上述适用要件（1），《中华人民共和国著作权法》（以下简称《著作权法》）第二条第一款规定，中国公民、法人或者非法人组织的作品，不论是否发表，依照本法享有著作权。《中华人民共和国著作权法实施条例》第六条规定，著作权自作品创作完成之日起产生。由此可见，作者创作完成作品即对作品享有著作权，不需要发表。在商标实务中，涉及著作权的一般是具有独创性的图形商标或者书法文字商标，这些商标构成《著作权法》上的美术作品。《北京市高级人民法院侵害著作权案件审理指南》在独创性的认定问题上归纳了两个审理要点，即是否由作者独立创作完成和对表达的安排是否体现了作者的选择、判断。设计过于简单的图形及普通文字商标，因缺乏著作权法意义上的独创性，不构成作品，即使主张著作权，也很难获得支持。此外，著作权的权属问题也是该类案件审理的一个重点，权利人可以提交设计底稿和原件、在先公开发表该作品的证据材料、取得权利的合同、诉争商标申请日之前的著作权登记证书、商标公告、商标注册证等证明商标的权属。最后，在先作品并不需要具有一定影响，因著作权自创作完成之日起已享有权利，并不是基于使用。

关于上述适用要件（2），实质性近似是著作权法上的概念，美术作品的实质性近似判断与图形商标的近似性判断一样主观性较强。

关于上述适用要件（3），作品是人类的智力成果，两个不同的人有可能独立完成完全一样的作品，因此权利人需要证明他人具有接触其作品的可能性，排除他人独立完成作品的可能性。例如通过业务往来可能获悉在先作品，或者在先作品的知名度覆盖到他人住所地等。

关于上述适用要件（4），上述适用要件（3）有时并没有直接证据证明他人接触了在先作品，而是通过证据进行的推定，但若他人能证明自己是独立完成的，则可以推翻该推定。

关于上述适用要件（5）和（6），若他人将权利人作品申请注册为商标是获得了权利人授权的，该商标可以核准注册，该举证责任在他人而不是权利人。

3）外观设计专利权

根据《商标法》第三十二条主张外观设计专利权的适用要件如下。

（1）在系争商标申请注册及使用之前他人已在先享有外观设计专利权，且该外观设计专利权在保护期限内。

（2）当事人应提交外观设计专利证书、年费缴纳凭据、专利登记簿副本等证据材料证明外观设计专利的授权公告日早于系争商标注册申请日及使用日。

（3）系争商标的注册与使用容易导致相关公众产生混淆，致使在先专利权人的利益可能受到损害。

（4）系争商标的注册申请未经专利权人许可。

（5）系争商标注册人主张系争商标的注册申请取得了外观设计专利权人许可的，应承担许可事实的举证责任。

关于上述适用要件（1），专利权自公告之日起生效，主张在先外观设计专利权的外观设计应已授权公告。外观设计专利权的期限是15年，自申请之日起超过15年后不能再主张。在先外观设计并不需要具有一定影响，因外观设计专利权自授权公告日起生效，并不是基于使用。

关于上述适用要件（2），外观设计专利的授权公告日不仅要早于系争商标的注册申请日，还要早于系争商标的使用日。因为若外观设计专利的授权公告日晚于系争商标的使用日，商标所有人可以申请宣告该外观设计专利无效。

关于上述适用要件（3），在判断混淆可能性时，既可以就系争商标与外观设计的整体进行比对，也可以就系争商标的主体显著部分与外观设计的要部进行比对。外观设计专利中的文字仅保护其特殊表现形式，其读音、含义并不在专利权保护范围内。

关于上述适用要件（4）和（5），若他人将权利人享有专利权的外观设计申请注册为商标是获得了权利人授权的，该商标可以核准注册，该举证责任在他人而不是权利人。

4）姓名权

根据《商标法》第三十二条主张姓名权的适用要件如下。

（1）姓名具有一定的知名度，与自然人建立了稳定的对应关系，在相关公众的认知中，指向该姓名权人。

（2）系争商标的注册给他人姓名权可能造成损害。

（3）系争商标的注册申请未经姓名权人许可。

（4）系争商标注册人主张系争商标的注册申请取得了姓名权人许可的，应承担许可事实的举证责任。

关于上述适用要件（1），主张姓名权需要姓名具有一定的知名度，并不是系争商标与自然人姓名相同或近似主张姓名权就可以获得支持。另外，姓名包括本名、笔名、艺名、译名、别名，均需与自然人之间建立稳定的对应关系，在相关公众的认知中，指向该权利人。

关于上述适用要件（2），姓名并不是使用在具体的商品或服务上的，其保护范围应当与姓名权人知名的领域具有相关性，若关联性较小，一般不会给姓名权人造成损害。

关于上述适用要件（3）和（4），若他人将权利人姓名申请注册为商标是获得了权利人授权的，该商标可以核准注册，该举证责任在他人而不是权利人。

5）肖像权

根据《商标法》第三十二条主张肖像权的适用要件如下。

（1）在相关公众的认知中，系争商标图像指向该肖像权人。

（2）系争商标的注册给他人肖像权可能造成损害。

（3）系争商标的注册申请未经肖像权人许可。

关于上述适用要件（1），如果系争商标是他人的肖像照片，则不需要考虑他人是否具有公众知名度。但若系争商标是以他人肖像为基础所做的画作，则知名度会作为一个考量因素，因为画作会进行艺术加工，并不必然使相关公众识别为特定的自然人，但该自然人的知名度越高，相关公众对该自然人越熟悉，也就越容易将画作和自然人联系起来。实务中将在世他人肖像申请注册为商标的案例比较少，大多是以过世的他人肖像进行申请，但《商标法》第三十二条并不适用于已过世的自然人肖像权。

关于上述适用要件（2），由于肖像并不是使用在商品或服务上的，其保护范围应当与肖像所有人知名的领域具有关联性，若关联性较小，一般不会给肖像权人造成损害。但将他人的肖像照片作为商标申请注册的，即使指定使用商品或服务与肖像权人没有特定联系，肖像权也可以获得保护。

关于上述适用要件（3），若他人将权利人肖像申请注册为商标是获得了权利人授权的，该商标可以核准注册，该举证责任在他人而不是权利人。

6）地理标志

根据《商标法》第三十二条主张地理标志的适用要件如下。

（1）系争商标申请注册时，地理标志已经客观存在。

（2）系争商标的注册和使用容易误导公众，致使在先地理标志相关合法权益可能受到损害。

（3）地理标志在系争商标申请注册时已经作为集体商标或者证明商标申请注册的，适用商标权保护有关规定，不适用本章规定。

（4）系争商标中有商品的地理标志，若该商标已经善意取得注册，即使商品并非来源于地理标志所标示的地区，仍继续有效。

关于上述适用要件（1），《商标法》第十六条规定，地理标志，是指标示某商品来源于某地区，该商品的特定质量、信誉或者其他特征，主要由该地区的自然因素或者人文因素所决定的标志。主张在先地理标志权利，该地理标志客观存在的时间应早于系争商标并持续存在。

关于上述适用要件（2），应当综合考虑系争商标与在先地理标志的近似程度，地理标志客观存在情况及其知名度、显著性、相关公众的认知，系争商标注册申请人是否具有不当攀附地理标志知名度的主观恶意等因素进行判断。

关于上述适用要件（3），《商标法实施条例》第四条规定，地理标志可以作为证明商标或者集体商标申请注册。地理标志申请注册为证明商标或集体商标之后，可以依照《商标法》第三十条、第三十一条等规定主张权利，不适用第三十二条。

关于上述适用要件（4），要是考虑由于历史原因，已经善意取得注册的含有地理标志的商标经过使用，已经在消费者中产生了特定的含义，不会造成消费者对商品来源的误认。准许已经善意取得注册的含有地理标志的商标继续有效，对保护商标权人和广大消费者的利益是有利的。

7）有一定影响的商品或者服务名称、包装、装潢

根据《商标法》第三十二条主张有一定影响的商品或者服务名称、包装、装潢的适用要件如下。

(1) 当事人主张在先权益的商品或者服务名称、包装、装潢在系争商标申请注册之前已具有一定影响。

(2) 系争商标的注册与使用容易导致相关公众产生混淆或误认，致使在先有一定影响的商品或者服务名称、包装、装潢权益可能受到损害。

(3) 他人有一定影响的商品或者服务名称、包装、装潢未申请注册为商标。

对于上述适用要件（1），主张商品或者服务名称、包装、装潢的在先权利，需要证明其具有一定影响。

对于上述适用要件（2），应当综合考虑系争商标与商品或者服务名称、包装、装潢的近似程度以及系争商标指定的商品或者服务与名称、包装、装潢有一定影响的商品或者服务的关联程度进行判断。

对于上述适用要件（3），已作为商标申请注册的有一定影响的商品或者服务名称、包装、装潢适用商标权保护规定，不适用本章规定。

8）其他应予保护的合法在先权益

根据《商标法》第三十二条主张有一定影响的其他应予保护的合法在先权益的适用要件如下。

(1) 在先权益归属明确，合法存续。

(2) 请求保护的在先标志具有较高知名度。

(3) 系争商标注册申请人主观上存在恶意。

(4) 系争商标使用在指定商品或者服务上容易导致相关公众误认为其经过在先标志权益人的许可或者与在先标志权益人存在特定联系。此要件应当综合考虑系争商标与在先标志的近似程度、在先标志的知名程度和知名领域以及系争商标指定的商品或者服务与在先标志知名领域的关联程度等因素。

上文概括了前述 8 种在先权利以外的其他在先权利适用《商标法》第三十二条的要件。《商标法》并未明确规定申请商标注册不得损害他人现有的哪些在先权利，前述 8 种是在实务中比较常见的在先权利，随着社会不断发展，可能产生更多新的在先权利，因此在此处设置一个兜底性的条款，为其他在先权利适用该条款提供一个参考和依据。近几年讨论比较多的有作品名称权、作品中的角色名称权等，《最高人民法院关于审理商标授权确权行政案件若干问题的规定》第二十二条对此亦有规定。

【法律依据】

《商标法》第三十二条［见本章第二（一）节］

2. 案例

1）字号权

【（2023）商标异字第0000027749号】异议人中山易事达光电科技有限公司对被异议人陈某妹经初步审定并刊登在第1766期商标公告第58146287号"易事达"商标提出异议，国家知识产权局经审理后认为，被异议商标"易事达"指定使用商品为第11类"灯；发光二极管（LED）照明器具；照明灯（曳光管）；运载工具用灯；运载工具用照明装置；照明器械及装置；运载工具用防眩光装置（灯配件）；照明用放电管；汽车灯；灯罩"等。异议人称被异议商标的注册申请侵犯了其"易事达"所享有的在先商号权，综合在案证据可以证明，在被异议商标申请注册前，异议人以"易事达"为商号销售车用灯具、汽车灯等商品，在相关公众中具有一定知名度。被异议商标与异议人商号相同，其指定使用的灯、照明灯具等商品与异议人主营商品类似，被异议商标的注册使用易使消费者将之与异议人商号权相联系，进而对商品来源产生混淆误认，损害异议人在先商号，构成《商标法》第三十二条规定"损害他人现有的在先权利"之情形。

【商评字［2023］第0000104055号】申请人陕西中电精泰电子工程有限公司于2022年2月28日对第35610508号"中电精泰"商标提出无效宣告请求，国家知识产权局经审理后认为，关于争议商标是否构成《商标法》第三十二条所指之情形。首先，申请人提交的营业执照显示其于2006年9月26日成立，经营范围包含建筑工程；Ⅰ类医疗器械的销售、安装、维修；非标准设备制造与安装等。其次，申请人提交的荣誉证书、活动图片、合同、发票等可以证明其在工程、工程安装等服务领域具有较高知名度，并在其宣传页面、合同、活动照片、参展照片等资料上显示其在先使用的"中电精泰 CK CHINA KINGTEK"商标，申请人提交的荣誉等证据亦可以证明该商标在工程安装等领域具有一定影响。最后，争议商标中文"中电精泰"与申请人字号"中电精泰"及在先使用的"中电精泰 CK CHINA KINGTEK"中文部分"中电精泰"文字构成、呼叫完全一致，且争议商标指定使用的服务与申请人实际经营和使用的服务属于相同、类似或密切关联服务。考虑到"中电精泰"为臆造性词汇，具有较高的独创性和显著性，且被申请人与申请人为同行业经营者，故其注册与申请人字号及商标文字构成完全一致的争议商标，主观意图难谓正当。综合考虑以上因素，国家知识产权局认为，争议商标的注册与使用容易导致相关公众误以为该商标所标识的服务来自申请人，或者将之与申请人产生某种特定联系，从而产生混淆，损害申请人字号权及商标权利。故争议商标的注册申请构成了《商标法》第三十二条所指的"损害他人现有的在先权利"及"不得以不正当手段抢先注册他人已经使用并有一定影响的商标"的情形。

2）著作权

【（2023）商标异字第 0000012741 号】异议人北京京东叁佰陆拾度电子商务有限公司对被异议人福州美生活网络科技有限公司经初步审定并刊登在第 1776 期商标公告第 60272480 号图形商标提出异议，国家知识产权局经审理后认为，异议人称被异议商标的申请注册侵犯其在先著作权，并提供了"SNOW"形象作品登记证书（国作登字-2017-F-00438075）、"JOY&DOGA"家族资料及有关报道等证据材料。上述证据可以证明，异议人"SNOW"形象美术作品创作完成日期为 2016 年 4 月，登记日期为 2017 年 12 月，远早于被异议商标申请日期，异议人对该作品享有在先著作权，且异议人"SNOW"形象美术作品已通过网络进行了宣传报道，被异议人具有接触该作品的可能。该案被异议图形商标与"SNOW"形象在设计手法、造型特征、整体视觉效果等方面雷同，已构成实质性相似，且被异议人未提供证据证明被异议商标为其独立创作完成。因此，被异议人在未取得异议人授权的情况下，申请注册被异议商标的行为，已构成对异议人在先著作权的侵害，违反了《商标法》第三十二条的规定。

【商评字〔2023〕第 0000103680 号】申请人浙江汉丰风机有限公司于 2022 年 4 月 20 日对第 47713013 号"漢豐 HanFeng 及图"商标提出无效宣告请求，国家知识产权局经审理后认为，争议商标由汉字"漢豐"、对应拼音"HanFeng"及弯曲的线条组合而成，尚未达到美术作品独创性所要求的创作性高度，未构成著作权法意义上的作品，且申请人在该案中亦未提供具体的著作权证据如著作权登记证书等予以证明其享有在先著作权，故申请人主张争议商标的注册损害了其著作权缺乏事实依据，不予支持。

3）外观设计专利权

【（2020）商标异字第0000043540号】异议人香奈儿股份有限公司对被异议人广州星聚小堂服饰有限公司经初步审定并刊登在第1628期商标公告第28423691A号图形商标提出异议，国家知识产权局经审理后认为，被异议商标为图形，指定使用于第18类"包；手提包；伞"等商品上。该案中，异议人称被异议商标的申请注册侵犯其在先外观设计专利权和在先著作权，异议人提供了以下证据：异议人公司简介、多家媒体对异议人及其引证作品的报道截图、异议人引证作品的外观设计专利授权公告文本复印件等。异议人提交的以上证据可以证明，异议人于2011年12月5日将其引证作品作为主要部分，向国家知识产权局提出外观设计专利申请，并于2012年10月24日授权公告，被异议商标与该外观设计主要部分在表现形式、视觉效果上构成实质性近似。因此被异议人未经许可，将包含异议人外观设计主要部分的图形作为商标申请注册，损害了异议人所享有的在先外观设计专利权，其行为已构成《商标法》第三十二条所指的损害他人在先权利的情形。另外，异议人提交的证据亦可证明，异议人早于2011年12月5日前已设计出其引证作品，该引证作品在设计上具有一定独创性，可视为《著作权法》保护的美术作品，异议人对该美术作品享有著作权，且该美术作品通过异议人的在先公开使用已为相关公众所知晓，被异议人具有接触该美术作品的可能。被异议商标与该美术作品在设计及表现形式上高度一致，已构成实质性相似。因此被异议人在未经异议人许可的情况下，将异议人美术作品申请注册为商标使用，损害了异议人所享有的在先著作权，已构成《商标法》第三十二条所指的损害他人在先权利的情形。

【商评字［2023］第0000079472号】申请人重庆泰自然商贸有限公司于2022年1月6日对第49371289号图形商标提出无效宣告请求，国家知识产权局经审理后认为，根据当事人的理由、事实和请求，该案的焦点问题为：争议商标的注册使用是否违反《商标法》第三十二条规定"申请商标注册不得损害他人现有的在先权利"之情形。该条规定的在先权利是指在系争商标申请注册日之前已经取得的，除商标权以外的其他权利，如著作权等。该案中，申请人主张的权利为著作权、外观设计专利权。

关于著作权，申请人提交的著作权登记证书载明，陈某芳为"欢乐大象"美术作品的著作权人，且该作品登记日期为2019年1月15日，早于争议商标申请日，申请人提交的授权书可以认定申请人为有权主张"欢乐大象"图形美术作品著作权的直接利害关系人。在无相反证据反驳的情况下，可以认定申请人对"欢乐大象"美术作品享有著作权。考虑到被申请人与申请人为相同行业经营者，由此被申请人完全具有接触上述作品的可能性。该案争议商标部分图形与申请人主张著作权的图形作品在构成要素、表现形式、视觉效果等方面相近，两标志已明显构成实质性相似。被申请人在未经申请人许可或同意的情况下，申请注册争议商标的行为，损害了"欢乐大象"美术作品的在先著作权。

关于外观设计专利权，申请人提交的外观专利显示专利权人为李某兰，授权公告日为 2018 年 6 月 29 日，早于争议商标申请日。申请人提交的授权书可以认定申请人为有权主张"枕头（小象米尔）"外观设计专利的直接利害关系人。如上所述，被申请人与申请人为相同行业经营者，争议商标部分图形与申请人外观设计的图形在构成要素、表现形式、视觉效果等方面相近，两标志已明显构成实质性相似。被申请人在未经申请人许可或同意的情况下，申请注册争议商标的行为，损害了申请人"枕头（小象米尔）"标志的在先外观设计专利权。故争议商标的注册已构成 2013 年《商标法》第三十二条所指的损害他人现有的在先权利之情形。

4）姓名权

【（2023）商标异字第 0000032437 号】异议人美有姬日本有限公司对被异议人王某治经初步审定并刊登在第 1776 期商标公告第 57837195 号"美有姬"商标提出异议，国家知识产权局经审理后认为，被异议商标"美有姬"指定使用商品为第 5 类"人用药；医用营养品；补药"等。异议人称被异议人损害其公司代表人"重田美雪"享有的姓名权，其经授权提出异议，并提供了授权文件、"美有姬"个人履历介绍及翻译、"美有姬"在抖音的知名度介绍及中文翻译、"美有姬老师的印象小课堂"抖音粉丝关注数截图等证据材料。上述证据可以证明，在被异议商标申请注册前，"美有姬"作为"重田美雪 SHIGETA MIYUKI"的中文艺名在先使用于短视频领域，通过抖音等平台的播出具有了一定知名度，已与该艺人建立对应关系。被异议人虽辩称双方曾签订授权合同并首次使用"美有姬"作为"重田美雪"的抖音名，但异议人提供了解除授权的邮件，被异议人对此未作出合理说明。而且在社会公众认知中，

"美有姬"与"重田美雪"已建立对应关系,相关商标权益应归属"重田美雪"。因此,被异议人申请注册被异议商标未获得异议人认可,客观上利用了异议人艺名"美有姬"的知名度,可能误导相关公众认为异议人与其存在某种商业联系,进而损害异议人的在先姓名权。因此被异议商标的注册申请已构成《商标法》第三十二条"损害他人现有的在先权利"的情形。

【商评字〔2023〕第0000107888号】申请人陈某于2022年3月9日对第40501925号"小阿七"商标提出无效宣告请求,国家知识产权局经审理后认为,申请人主张争议商标侵犯其在先姓名权,违反《商标法》第三十二条的规定。根据《商标法》第三十二条规定,申请商标注册不得损害他人现有的在先权利,在先权利包括除商标权外的姓名权等。认定争议商标是否构成对他人在先姓名权的损害,不仅要考虑争议商标是否与他人姓名相同,同时需要考虑该姓名权人在社会公众尤其是相关公众的知名度。该案争议商标"小阿七"与申请人艺名"小阿七"名称相同。结合申请人提交的全部在案证据可知,申请人于2018年3月开始在"YY直播""抖音"等网络平台正式以"小阿七"名义发布音乐视频。2019年3月"小阿七"翻唱热门歌曲《胡广生》,因嗓音独特,一夜爆红并受到广大网友的关注且迅速圈粉数百万人次;2019年发行《那女孩对我说》后全网收听量破十亿人次,在酷狗TOP榜单排名第一,霸榜171天之久;之后发行《不畏侠》《酒家》等多首歌曲以及《简要说明》《曾经的我们》《寂寞余味》等42张音乐专辑。同时,"小阿七"荣获"YY直播"2019年度盛典最强主播TOP5,荣获2019年十大网络音乐金曲奖,2020～2021年两年连续荣获最有影响力网红荣誉。2020～2021年"小阿七"分别参加湖南卫视《嗨唱转起来》节目录制、参加中央电视台《星光大道》节目录制、参加北京卫视春晚录制、参加广东卫视《流淌的歌声》节目录制等综艺节目录制。搜狐网、新浪网等网络媒体亦对"小阿七"进行过相关媒体报道。自2018年3月至2021年10月28日,"小阿七"全网粉丝量4000多万人次(其中抖音粉丝量2400多万人次、快手粉丝量900多万人次)。上述事实可以证明在争议商标申请日前,申请人艺名"小阿七"已经具有一定知名度。被申请人未经申请人授权,将与申请人艺名"小阿七"相同的文字申请注册商标,并核定使用在与申请人所知名的演艺事业相关的现场表演等服务上,可能误导公众认为争议商标与申请人存在某种关联,损害了申请人的在先姓名权。因此，争议商标的注册已构成《商标法》第三十二条关于"损害他人现有的在先权利（姓名权）"的规定。

5）肖像权

【（2021）商标异字第0000082935号】异议人山西沁州黄小米（集团）有限公司、石某武对被异议人山西三心州皇小米有限公司经初步审定并刊登在第1686期商标公告第40608285号"守护米 红土地及图"商标提出异议，国家知识产权局经审理后认为，被异议商标"守护米 红土地及图"指定使用于第30类"茶；玉米粉；面粉；豆类粗粉；酱油；醋"等商品上。异议人称被异议商标的注册侵犯其肖像权，并提供了：沁州黄包装设计原稿、沁州黄小米品牌合作协议书、含石某武先生肖像设计制作原始稿、沁州黄小米礼盒包装底稿、部分经销合同、异议人及其企业所获荣誉等证据材料。上述证据可以证明异议人石某武先生将其肖像使用在"沁州黄小米包装（平面图）"图案上，且在被异议商标申请注册之前，异议人已将该作品作为商标在"米；谷类制品"等商品上在先使用并使之具有一定知名度。被异议商标图形部分与异议人石某武先生肖像神态特征差异细微，若将被异议商标注册并使用在其指定商品上易使相关公众误以为被异议商标所标识的商品来自于异议人或者与异议人存在某种特定联系，从而对商品产生误认误购，进而致使异议人的利益可能受到损害。综上，被异议人未经异议人许可申请注册被异议商标，侵犯了异议人石某武先生的肖像权，已构成《商标法》第三十二条所指的"损害他人现有的在先权利"之情形。

【商评字［2019］第0000213362号】申请人坎耶·韦斯特于2018年8月17日对第18046007号图形商标提出无效宣告请求，国家知识产权局经审理后认为，根据申请人提交的证据可知，在争议商标申请注册之前，申请人及其作品多次获得美国格莱美音乐大奖相关奖项，申请人作为Hip–Hop歌手位列福布斯全球100名人榜中。申请人及其作品经大量宣传报道，在相关公众中已具有一定知名度。申请人作为知名Hip–Hop歌手具有被公众追随的吸引力，其外貌特征应被相关公众所知悉。争议商标图形与申请人戴墨镜的形象高度近似，申请人戴墨镜的形象亦应属于其所有的肖像权。据查明，事实2、3可知被申请人理应知晓与申请人相关的品牌，在未经申请人授权的情况下，争议商标使用在鞋等商品上侵犯了申请人的肖像权。综上，争议商标的注册违反了

《商标法》第三十二条关于"不得损害他人现有的在先权利"的规定。

6）有一定影响的商品或者服务名称、包装、装潢

【（2021）商标异字第0000158204号】异议人健合香港有限公司对被异议人广州市爱莲化妆品有限公司经初步审定并刊登在第1715期商标公告第46633534号"QISKINBO及图"商标提出异议，国家知识产权局经审理后认为，被异议商标"QISKINBO及图"指定使用在第3类"化妆品、洗面奶"等商品上。该案中，异议人称被异议商标损害其"SWISSE"商标产品的包装、装潢设计所享有的在先权益，违反《商标法》第三十二条的相关规定，并对此提供了异议人企业简介及SWISSE品牌介绍、财务报告、经销合作协议及发票、电商平台的销售数据及行业排名、异议人品牌活动的现场照片、明星代言的品牌合同、媒体报道及广告宣传推广协议等证据材料。上述证据材料可以证明，异议人隶属于合生元集团（现更名为健合集团），家庭营养与护理领域产品为其主营业务。"SWISSE"为异议人旗下产品品牌，在被异议商标申请注册日期之前，经异议人长期使用和广泛宣传，该品牌产品已在中国消费群体中具有一定知名度，其产品包装、装潢亦应为相关公众所知晓，被异议人有知晓异议人在先使用商标和产品包装、装潢的可能。异议人"SWISSE"商标在产品包装上表现为红、黑、白三种颜色，外部为红色长方形，中间为黑色扁长椭圆形，内部为白色英文字母SWISSE，其整体具有一定的设计性和辨识度。被异议商标亦采用外部长方形、中间扁长椭圆形和内部白色英文字母的设计，整体与异议人"SWISSE"品牌产品包装在设计风格、构图要素及表现形式等方面相近，且被异议商标指定使用商品与异议人"SWISSE"品牌产品为类似商品或关联密切，如予核准被异议商标注册使用，易使相关公众对产品的来源产生混淆和误认，从而致使异议人的利益受到损害。同时经查，除该案被异议商标外，被异议人在多个类别申请注册的100余件商标中，还包含多件与他人已在先实际使用且具有一定独创性或知名度的商标文字相同或相近的商标，其中部分已被国家知识产权局驳回或被相关企业提出异议或无效宣告申请。据此，结合被异议商标在设计风格及表现形式上与异议人在先使用商标产品包装及装潢相近的事实，国家知识产权局认为被异议人申请注册被异议商标主观恶意明显，其行为具有不正当利用异议人商标市场声誉的目的，已构成《商标法》第三十二条所指"损害他人在先权益"之情形。

【商评字［2021］第0000308825号】申请人河北阅读传媒有限责任公司于 2020 年 8 月 17 日对第 15406439 号"七彩快乐作文及图"商标提出无效宣告请求，国家知识产权局经审理后认为，申请人主张争议商标的注册损害了申请人在先享有的知名商品特有名称权。依据申请人在该案中提交的发行代理协议、发票、荣誉证书及民事判决书等证据可以证明在争议商标申请注册日前，申请人通过宣传使用，已将"快乐作文"使用在期刊、杂志等商品上，并已具有较高知名度。在教育辅助行业和中小学及其家长等相关公众中形成较高知名度和影响力，已为相关公众所知悉。综合考虑，"快乐作文"为期刊等商品上的知名商品的特有名称权。争议商标"七彩快乐作文"与申请人享有在先知名商品特有名称权"快乐作文"构成近似，争议商标核定使用的"书籍出版；文字出版（广告宣传材料除外）"服务与申请人在先使用的"期刊"等商品具有较强的关联性，属于类似商品和服务。争议商标的注册和使用容易导致相关公众产生混淆或误认，致使申请人的权益可能受到损害，侵犯了申请人的知名商品特有名称权。争议商标的注册违反了《商标法》第三十二条的规定。

7）其他应予保护的合法在先权益

【（2023）商标异字第0000036000号】异议人株式会社集英社对被异议人王某响经初步审定并刊登在第 1773 期商标公告第 59829485 号"黑色四叶草"商标提出异议，国家知识产权局经审理后认为，被异议商标"黑色四叶草"指定使用商品为第 25 类"服装；婴儿全套衣；体操服"等。该案中异议人提供的百度百科关于"黑色四叶草"的介绍、作者与异议人签订的作品使用合同及中文摘译、异议人和株式会社东京电视签订的"黑色四叶草"原作使用合同及中文摘译、"黑色四叶草"在哔哩哔哩漫画和腾讯动漫的连载页面及读者评论、关于"黑色四叶草"的媒体报道、"黑色四叶草"周边产品介绍等证据材料可以证明，在被异议商标申请日之前，"黑色四叶草"漫画作品已在中国公开发行，该漫画作品名称具有较强的显著性，且经异议人广泛宣传和使用，已为相关公众所知晓，其知名度的取得是异议人创造性劳动的结晶，由此所带来的商业价值和商业机会也是异议人投入大量劳动和资本所获得。因此，"黑色四叶草"作为在先的漫画作品名称，其承载的权益应当作为在先权益得到保护。被异议商标与该漫画作品名称文字构成相同，指定使用于"服装；婴儿全套衣；体操服"等商品上，可能使消费者误认为标识有被异议商标的商品已获得异议人授权或与异议人存在某种特定关联，从而减损异议人因"黑色四叶草"知名度所带来的商业价值或商业机会。故被异议商标的注册和使用构成了《商标法》第三十二条所指"损害他人现有的在先权利"之情形。

【商评字［2023］第 0000063739 号】申请人上海美术电影制片厂有限公司于 2022 年 3 月 11 日对第 41064554 号"葫芦娃 CUCURBIT BABY"商标提出无效宣告请求，国家知识产权局经审理后认为，申请人主张争议商标的注册损害了申请人在先知名角色名称权。根据查明事实 2、3 可知，申请人主张的"葫芦娃"角色造型美术作品曾被上海市第二中级人民法院认定由申请人享有除署名权以外的其他著作权。在无相反证据推翻的情况下，上述法院认定的申请人享有"葫芦娃"角色造型美术作品著作权的事实，国家知识产权局予以认可。申请人提交的获奖证书可以证明《葫芦兄弟》作品在争议商标申请注册日前已为相关公众所知悉，"葫芦娃"为其知名作品《葫芦兄弟》的角色名称，其所带来的商业价值和商业机会也是申请人投入大量的劳动和资本所获得。因此，"葫芦娃"作为在先知名作品中的角色名称应当作为在先合法权益得到保护。鉴于申请人在先知名作品中的角色名称"葫芦娃"具有较强独创性和显著性，而争议商标主要认读文字部分"葫芦娃"与其文字构成相同。在此情况下，争议商标在其核定商品上注册使用，容易导致相关公众误认为其经过权利人的许可或与权利人存在特定联系。被申请人申请注册争议商标的行为不当利用了申请人知名作品及角色名称的知名度及影响力，挤占了作品权利人基于该作品角色形象名称而享有的市场优势地位和交易机会，故争议商标的注册侵犯了申请人《葫芦兄弟》作品中的角色名称所享有的在先权益，构成了《商标法》第三十二条规定的"申请商标注册不得损害他人现有的在先权利"之情形。

（四）侵犯他人驰名商标

1. 原理

首先要明确的是，驰名商标是知识产权领域的法律概念，并不是一个荣誉称号。《商标法》规定，生产、经营者不得将"驰名商标"字样用于商品、商品包装或者容器上，或者用于广告宣传、展览以及其他商业活动中。其次，关于驰名商标"跨类保护"的问题，并不是只要认定了驰名商标，就可以在 45

个类别上无条件地获得保护，驰名商标分为未注册驰名商标和已注册驰名商标。未注册驰名商标只能在相同或类似商品或服务上获得保护，因此不能获得"跨类"保护。能够获得"跨类保护"的是已注册驰名商标，而且这种跨类保护仍然需要考虑商品或服务之间的关联性等因素，是有条件的保护。

1）认定机关和程序

无论是在行政还是在司法程序中，申请认定驰名商标都依附于具体的案件，并没有一个单独的途径可以用来申请认定驰名商标。通常国家知识产权局、法院在商标异议、不予注册复审、无效宣告案件等授权确权案件中，可以根据案件的情况认定驰名商标。市场监督管理部门等执法部门在商标侵权案件查处过程中、法院在审理商标侵权民事案件中，也可以认定驰名商标。至于刑事案件，由于我国对驰名商标刑事保护水平与普通非驰名商标相比，并无明显不同，因此刑事案件中鲜有认定驰名商标的案例。

2）认定原则

我国驰名商标的认定适用个案认定、被动保护、按需认定和诚实信用的原则。个案认定原则是指驰名商标的认定结果只对本案有效，曾被认定为驰名商标的，在本案中可以作为驰名商标受保护的记录予以考虑。被动保护原则，是指当事人未主张驰名商标保护的，有关机关不予主动认定。按需认定原则是指根据在案证据能够适用《商标法》其他条款对当事人予以保护的，有关机关无须认定驰名商标。诚实信用原则是指当事人请求认定驰名商标所依据的证据应当真实，不能弄虚作假。实务中，在国家知识产权局审理的授权确权案件中，申请人需要提交承担不实承诺法律责任的书面承诺书。

3）认定驰名商标的证据

若商标被认定为驰名商标，则其保护力度会大大高于普通商标，因此有关机关对驰名商标的认定是十分谨慎和严格的，这就要求申请驰名商标认定的企业提供充分的证据证明其商标驰名的状态。

《商标审查审理指南》规定，认定驰名商标可以根据下列证据予以综合判定。

（1）该商标所使用的商品或者服务的合同、发票、提货单、银行进账单、进出口凭据、网络电商销售记录等相关材料。

（2）该商标所使用的商品或者服务的销售区域范围、销售网点分布及销售渠道、方式的相关材料（包括传统经营方式和非传统经营方式）。

（3）涉及该商标的媒体广告、评论、报道、排名及其他宣传活动材料（包括传统媒体和非传统媒体）。

（4）该商标所使用的商品或者服务参加展览会、博览会的相关材料。

（5）该商标的最早使用时间和持续使用情况的相关材料。

（6）该商标在中国及其他国家、地区的注册证明。

（7）该商标被认定为驰名商标并给予保护的相关法律文件，以及该商标被侵权或者假冒的情况。

（8）具有资质的会计师事务所出具的使用该商标的商品或者服务的销售额、利润、纳税等经营情况的财务审计报告以及广告投放情况的广告审计报告。

（9）具有公信力的权威机构公布的使用该商标的商品或者服务的销售额、利税额、产值的统计及市场占有率、广告额统计等，例如统计部门出具的统计证明、税务部门出具的纳税证明等。

（10）使用该商标的商品或者服务在全国同行业中的排名或市场占有率。国家行业主管部门的证明、国家行业主管部门官方公开数据、在民政部登记的全国性行业协会公开或半公开的数据及出具的证明、权威评价机构的评价等能够证明行业排名或市场占有率的材料均可以作为证据。

（11）使用该商标的商品或者服务获得国家发明专利的情况以及当事人自主创新的其他情况。

（12）使用该商标的商品或者服务的技术作为国家标准、行业标准。

（13）该商标获奖情况。

（14）其他可以证明该商标知名度的材料。

对于上述证据的要求，《商标审查审理指南》规定如下。

（1）该商标使用商品或者服务的销售、经营情况应当有销售合同、发票等有效证据支持。当事人应提供销售合同或销售发票等证据证明该商标使用商品或者服务已在多省（自治区、直辖市）销售、经营。

证明当事人经济指标的企业年度报告或者上市公司的上市年报应提交原件或经公证的复印件。纳税额应当有税务机关出具的纳税证明原件、经公证的纳税证明复印件或经公证的电子版纳税证明打印件支持。

（2）当事人应提交该商标的广告合同、发票、广告载体等证据，用以证明该商标宣传的广告费用、形式载体、持续时间、覆盖范围等情况。

（3）上述证据原则上以系争商标申请日之前的证据为限，该商标为未注册商标的，应当提供证明其持续使用时间不少于 5 年的证据材料；该商标为注册商标的，应当提供证明其注册时间不少于 3 年或者持续使用时间不少于 5 年的材料。

（4）当事人提交的域外证据材料，应当能够据以证明该商标为中国相关公众所知晓。

对请求认定该商标为驰名商标的，不能满足上述全部条件，但当事人已提交的在案证据能够证明该商标在市场上确实享有较高声誉，足以认定为驰名商标的，也可以认定。

驰名商标的认定，不以该商标在中国注册、申请注册或者该商标所使用的商品或者服务在中国实际生产、销售或者提供为前提，该商标所使用的商品或者服务的宣传活动，亦为该商标的使用，与之有关的材料可以作为判断该商标是否驰名的证据。

（5）用以证明该商标持续使用的时间和情况的证据材料，按照商业惯例，应当能够显示所使用的商标标识、商品或者服务、使用日期和使用人。

（6）当事人请求驰名商标保护应当遵循诚实信用原则，并对事实及所提交的证据材料的真实性负责。对于当事人提交虚假材料或者有不良企业信用记录的，不予认定。

4）适用要件

若企业认为自己商标的知名度已经达到驰名商标的程度，可以依据《商标法》第十三条的规定申请驰名商标认定。该条对驰名商标的认定分为未注册驰名商标（第十三条第二款）和已注册驰名商标（第十三条第三款）。前文已经讲过，我国商标的专用权适用的是注册取得制，所以对未注册商标的保护力度不如已注册商标，该原理同样适用于驰名商标。

《商标审查审理指南》第十三条第二款的适用要件如下。

（1）当事人商标在系争商标申请日前已经驰名但尚未在中国注册；

（2）系争商标构成对当事人驰名商标的复制、摹仿或者翻译；

（3）系争商标所使用的商品或者服务与当事人驰名商标所使用的商品或

者服务相同或者类似；

（4）系争商标的注册或者使用，容易导致混淆。

《商标审查审理指南》第十三条第三款的适用要件如下。

（1）当事人商标在系争商标申请日前已经驰名且已经在中国注册；

（2）系争商标构成对当事人驰名商标的复制、摹仿或者翻译；

（3）系争商标所使用的商品或者服务与当事人驰名商标所使用的商品或服务不相同或者不相类似；

（4）系争商标的注册或者使用，误导公众，致使当事人的利益可能受到损害。

关于两个条款的适用要件（1），明确了是未注册驰名商标还是已注册驰名商标。

关于两个条款的适用要件（2），"复制、摹仿、翻译"与《商标法》第十五条和第三十二条所述的商标相同或近似的判断，并没有本质的不同，只是在实务中，若认定了驰名商标，对商标的相同或近似程度要求有时会相对低一些。

关于两个条款的适用要件（3）可以看出，未注册驰名商标只在相同或类似商品或服务上予以保护，而已注册驰名商标可以在不相同或者不类似的商品或服务上获得保护，对于已注册驰名商标的保护强于未注册驰名商标。此处，还有两点需要说明。第一，既然未注册驰名商标只在相同或类似商品或服务上予以保护，那其与《商标法》第三十二条后半段"不得以不正当手段抢先注册他人已经使用并有一定影响的商标"有何不同。通过对比适用要件可知，第三十二条后半段需要提供证据证明抢注人使用了"不正当手段"，但第十三条第二款则不需要。因此，若没有证据证明抢注人存在恶意，可能得不到第三十二条后半段的支持，但若获得了驰名商标的认定，就可以解决这个问题。此外，根据《商标法》第四十五条的规定，依据第三十二条请求无效宣告他人注册商标的，需在该注册商标自注册之日起5年内，超过5年不能再主张，但对于恶意注册商标，驰名商标所有人不受5年的时间限制，此时，就有了适用第十三条第二款的必要。第二，《商标法》第十三条第三款已注册驰名商标可以在不相同或不类似的商品或服务上获得保护，那么在相同或类似的商品或服务上是否可以获得保护。根据举重以明轻的规则，是可以的，实践中也有这方面的案例，但是因为在相同或类似商品上可以适用第三十条，一般情况下没有适用第十三条第三款的必要，但和第三十二条的适用一样，依据第三十条请求无效宣告他人注册商标的，也须在该商标注册满5年内，超过5年则需要认定驰名商标适用第十三条第三款的规定。

关于两个条款的适用要件（4）可以看到，《商标法》第十三条第二款的文字表述为"容易导致混淆"，第十三条第三款的文字表述为"误导公众，致使当事人的利益可能受到损害"，那么二者有什么不同吗？可以这样理解，《商标法》第十三条第二款是纯粹意义上的"混淆"，而第三十条第三款是"混淆+淡化"。所谓混淆，就是相关公众在某商品或服务上看到他人商标，可能误以为该商品或服务的提供者为驰名商标的所有人或者与驰名商标所有人之间存在特定关联。所谓淡化，是指相关公众在某商品或服务上看到了与驰名商标相同或近似的商标，但因该商品或服务与驰名商标所使用的商品或服务差别较大，相关公众并不会认为该商品或服务的提供者为驰名商标的所有人或者与驰名商标所有人之间存在特定联系，但这种使用会淡化驰名商标的显著性或者丑化驰名商标的形象。比如在马桶商品上使用箱包商品上的驰名商标爱马仕，可能造成对爱马仕商标的淡化或丑化。《商标法》第十三条第二款适用于相同或类似的商品或服务上，因此是纯粹的"混淆"，第十三条第三款适用于不相同或者不类似的商品或服务上，若不相同或者不类似的商品或服务，与驰名商标所使用商品具有一定程度的联系，可能导致相关公众将二者联系起来，则会构成"混淆"。但若二者差别较大，不会导致相关公众将二者联系起来，则可能涉及"淡化"的问题。但需要注意的是，商标淡化理论的适用并不是没有边界的，不是说商品或服务的差别较大，没有办法适用混淆理论，就简单粗暴地使用淡化理论，还是要从驰名商标的显著性和知名程度、商标标志是否足够近似、指定使用的商品情况、相关公众的重合程度及注意程度、与驰名商标近似的标志被其他市场主体合法使用的情况或者其他相关因素等方面予以综合考虑。

【法律依据】

《商标法》第十三条　为相关公众所熟知的商标，持有人认为其权利受到侵害时，可以依照本法规定请求驰名商标保护。

就相同或者类似商品申请注册的商标是复制、摹仿或者翻译他人未在中国注册的驰名商标，容易导致混淆的，不予注册并禁止使用。

就不相同或者不相类似商品申请注册的商标是复制、摹仿或者翻译他人已经在中国注册的驰名商标，误导公众，致使该驰名商标注册人的利益可能受到损害的，不予注册并禁止使用。

第十四条　驰名商标应当根据当事人的请求，作为处理涉及商标案件需要认定的事实进行认定。认定驰名商标应当考虑下列因素：

（一）相关公众对该商标的知晓程度；

（二）该商标使用的持续时间；

（三）该商标的任何宣传工作的持续时间、程度和地理范围；

（四）该商标作为驰名商标受保护的记录；

（五）该商标驰名的其他因素。

在商标注册审查、工商行政管理部门查处商标违法案件过程中，当事人依照本法第十三条规定主张权利的，商标局根据审查、处理案件的需要，可以对商标驰名情况作出认定。

在商标争议处理过程中，当事人依照本法第十三条规定主张权利的，商标评审委员会根据处理案件的需要，可以对商标驰名情况作出认定。

在商标民事、行政案件审理过程中，当事人依照本法第十三条规定主张权利的，最高人民法院指定的人民法院根据审理案件的需要，可以对商标驰名情况作出认定。

生产、经营者不得将"驰名商标"字样用于商品、商品包装或者容器上，或者用于广告宣传、展览以及其他商业活动中。

2. 案例

【（2023）商标异字第0000037263号】异议人喜来登国际知识产权有限责任公司对被异议人贵州省仁怀市喜来登酒业（集团）有限公司经初步审定并刊登在第1784期商标公告第61775042号"喜来登金刚"商标提出异议，国家知识产权局经审理后认为，被异议商标"喜来登金刚"指定使用于第33类"白干酒（中国白酒）；白酒；米酒；酒精饮料（啤酒除外）；葡萄酒；蒸煮提取物（利口酒和烈酒）；开胃酒；果酒（含酒精）；烧酒；清酒（日本米酒）"商品。异议人引证在先注册的第777913号"喜来登"商标核定使用于原第42类"饭店；汽车旅馆；餐馆；旅馆；小吃店及饮品店服务"等服务。异议人在先注册并使用于"饭店"服务上的"喜来登"商标经广泛宣传和长期使用已具有较高知名度并曾获《商标法》第十三条保护，被异议商标完整包含该商标"喜来登"，已构成对异议人上述商标的摹仿，被异议商标如予核准注册易误导公众并可能致使异议人的利益受到损害。

【商评字［2023］第 0000119857 号】申请人北京现代汽车有限公司于 2022 年 4 月 8 日对第 22877181 号"现代梦"商标提出无效宣告请求，国家知识产权局经审理后认为，由查明事实 3 可知，申请人引证商标曾被认定为在汽车商品上为相关公众所熟知，国家知识产权局将该事实作为申请人商标曾受到保护的记录予以充分考虑，结合申请人于该案中提供的审计报告、产品销量、纳税证明及宣传报道资料等证据能够证明在争议商标申请日前，引证商标已经在其核定使用的汽车商品上进行了持续、大量的使用，已为相关公众所熟知。且争议商标文字"现代梦"完整包含申请人引证商标"现代"，已构成对该商标的复制、摹仿。争议商标核定使用的运载工具用蓄电池、运载工具用电池等商品与引证商标赖以知名的汽车商品的消费对象皆为普通大众消费者，且在功能、用途等方面具有一定的关联性。争议商标与申请人商标共存，易使相关公众将争议商标与申请人商标相联系，从而可能对申请人商标的商誉等合法权益造成损害。因此，该案宜认定争议商标的注册已构成 2013 年《商标法》第十三条第三款禁止之情形。

（五）撤销通用名称商标

1. 原理

编者在第二章已就通用名称的含义以及其作为商标注册缺乏显著性的问题予以说明，在此不再赘述。

商标是否是通用名称是一个动态变化的过程，可能该商标申请注册时已经是通用名称，但审查员因知识受限，没有发现，导致该商标得以核准注册，也可能该商申请注册时不是通用名称，但在市场实际使用过程中，退化为通用名称。此处所述"撤销通用名称商标"是指后一种情况，是依据《商标法》第四十九条的规定提出申请的，而对于前一种情况则应当提起无效宣告。我们可以从法律后果方面来理解这种制度设计。根据《商标法》的规定，商标被无效宣告的，该商标自始无效，而商标被撤销的，该商标自国家知识产权局发布撤销公告之日起无效。因此，若商标在注册时已经是通用名称，则其本身就不应该注册，自始无效无可厚非，但若商标在注册时不是通用名称，至少从注册日到成为通用名称的期间，应该承认该商标的有效性。

从商标注册人的角度讲，商标退化为通用名称可能给其造成巨大的利益损失，因为一旦被认定为通用名称，商标注册人将失去对该商标享有的专用权，任何人都可以使用该商标。所以企业在日常使用商标的过程中，应当采取相应的措施，防止商标退化为通用名称。

（1）选择固有显著性较高的标志申请注册商标。

（2）以商标+商品名称的形式使用商标，不要用商标指代商品，例如瑞幸咖啡的店员，在感谢顾客的时候，不应该说"感谢您购买瑞幸"，而应该说"感谢您购买瑞幸咖啡"。

（3）使用商标时注意加上商标标识 TM 或 R。

（4）扩大商标的使用范围，避免只在一种商品上使用商标。

（5）若发现社会大众有将商标作为商品名称使用的倾向，应当及时通过媒体向社会大众传递该商标并非商品名称的信息。

（6）若发现同行业者将商标作为商标名称使用，应当采取诉讼等方式积极维权。

从撤销通用名称的申请人的角度而言，提出撤销申请的，通常是商标注册人的同行业者。同行业者有使用该通用名称的需求，但又害怕侵犯商标注册人的商标专用权，所以支持商标退化为通用名称。但认定通用名称并不是一件容易的事，毕竟如果认定了通用名称，就是剥夺了商标注册人的商标专用权，可能给商标注册人造成巨大的损失。在此情况下，无论是国家知识产权局还是法院，都会采取审慎的态度，仔细对该商标的通用化情况进行研判。因此，申请人在提起撤销申请前，应当尽量收集证据，可以提交字典、工具书、国家标准或者行业标准、相关行业组织的证明、市场调查报告、市场上的宣传使用证据、其他主体在同种商品上使用该商标标志的证据等予以证明。证据的时间节点，一般为申请人向国家知识产权局申请撤销之日，但在案件审理过程中，申请人仍然可以补充证据，为了避免申请人重复申请、浪费资源，该类案件会参考案件审理时的事实状态。最后，认定商标是否属于商品通用名称，会从商标标志整体上进行审查，且认定通用名称指向的具体商品，对与该商品类似的商品不予考虑。

【法律依据】

《商标法》第四十九条　商标注册人在使用注册商标的过程中，自行改变注册商标、注册人名义、地址或者其他注册事项的，由地方工商行政管理部门责令限期改正；期满不改正的，由商标局撤销其注册商标。

注册商标成为其核定使用的商品的通用名称或者没有正当理由连续三年不使用的，任何单位或者个人可以向商标局申请撤销该注册商标。商标局应当自收到申请之日起九个月内作出决定。有特殊情况需要延长的，经国务院工商行政管理部门批准，可以延长三个月。

《商标法实施条例》第六十五条　有商标法第四十九条规定的注册商标成为其核定使用的商品通用名称情形的，任何单位或者个人可以向商标局申请撤销该注册商标，提交申请时应当附送证据材料。商标局受理后应当通知商标注册人，限其自收到通知之日起 2 个月内答辩；期满未答辩的，不影响商标局作出决定。

2. 案例

【商评字［2023］第 0000078689 号】申请人宝洁公司因第 3886577 号"拉拉裤"商标撤销一案，不服国家知识产权局撤通 2022 第 Y000014 号决定，向国家知识产权局申请复审。

国家知识产权局经审理后认为，结合双方当事人陈述的内容、国家知识产权局查明的事实和《商标法》的规定，该案的焦点问题可归纳为：复审商标在①婴儿用纸尿布（一次性）；②纸或纤维素制婴儿尿布（一次性）；③纸制尿布裤商品上，是否构成通用名称。

国家知识产权局认为，《商标法》第四十九条第二款所指的商品通用名称是指为某一范围或某一行业中所共用的，反映一类商品与另一类商品之间根本区别的规范化称谓，通常应具有广泛性和规范性的特点，包括法定的通用名称和约定俗称的通用名称。相关公众普遍认为某一名称能够指代一类商品的，应当认定该名称为约定俗成的通用名称。

根据被申请人在撤销阶段提交的相关证据可知，网络媒体的多篇介绍"拉拉裤"的文章中，文字"拉拉裤"均指代一种内裤式的纸尿裤。其中许多行业内经营者将"拉拉裤"作为内裤式纸尿裤的商品名称使用，比如将"拉拉裤"与"生产设备""生产线"并列使用,将"拉拉裤"与纸尿裤（片）、湿纸巾、奶粉等其他商品名称并列使用,将"拉拉裤"与商标（比如花王、好奇、尤尼佳）并列使用。在国内使用率较高的京东、天猫两大电商平台及百度搜索引擎上"拉拉裤"已经成为用来搜索内裤式纸尿裤的商品名称使用。由上述事实可知,广大同行业经营者及消费者普遍将文字"拉拉裤"作为内裤式纸尿裤的商品通用名称加以使用,而没有将其作为申请人的注册商标加以识别。

根据申请人向该案提交的相关证据,申请人称其为维护"拉拉裤"商标专用权作出了大量努力,比如向同行业经营者发送警告信以及在核定使用商品上使用复审商标。依据申请人提交的相关使用证据可知,申请人对"拉拉裤"的使用方式为"帮宝适/PAMPERS拉拉裤",并未在核定使用商品上单独使用复审商标。虽然申请人在文字"拉拉裤"后面标注了注册标记,但是从消费者的认读习惯上看,商标与商品名称通常以连用的形式来发挥各自的作用。从申请人提交的证据可知其"帮宝适/PAMPERS"商标在纸尿裤商品上已经具有一定知名度。并且申请人在其"帮宝适/PAMPERS拉拉裤"广告语中强调"一拉就穿上"的穿戴特点。因此,从申请人使用"拉拉裤"的整体效果来看,社会公众更容易将"拉拉裤"识别为一种类型的纸尿裤名称。申请人的维权行为在客观效果上并没有改变"拉拉裤"在商标显著性上的固有缺陷,反而更容易引导相关消费者将"拉拉裤"作为商品名称加以识别。申请人还称部分同行业者在其官网宣传或产品上并没有将"拉拉裤"作为商品名称加以使用。根据该案证据可知,部分同行业者将内裤式纸尿裤称之为成长裤或小内裤,在使用方式上也是采用商标与商品名称并用的形式,即使行业内不同的品牌对内裤式纸尿裤的称谓不同,但在使用形式上均是促使社会公众将其作为一种类型的纸尿裤商品名称加以识别。因此,其他部分同业经营的使用行为不能否定"拉拉裤"已经成为内裤式纸尿裤商品通用名称的性质。

综上,可以认定"拉拉裤"已成为其核定使用①婴儿用纸尿布（一次性）;②纸或纤维素制婴儿尿布（一次性）;③纸制尿布裤商品上的通用名称。

【北京市高级人民法院（2022）京行终51号】2011年9月7日,典发食品（苏州）有限公司（以下简称"典发公司"）向国家知识产权局提出第9943225号"千页豆腐"商标的注册申请。诉争商标于2013年2月28日获准注册，核定使用在第 29 类"豆腐；豆腐制品"商品上。2016 年 6 月 27 日，上海清美绿色食品（集团）有限公司（以下简称"清美公司"）曾以诉争商标标志仅为商品的通用名称、缺乏显著特征、违反《商标法》第十一条第一款第（一）项为由，向国家知识产权局提出无效宣告请求。国家知识产权局经审查认定在案证据不足以证明在诉争商标注册日前"千页豆腐"已成为相关行业及消费者对豆腐、豆腐制品商品约定俗成的通用名称。后经过一审、二审行政诉讼，诉争商标予以维持注册。

2018 年 11 月 19 日，清美公司以诉争商标已退化为商品的通用名称，违反《商标法》第四十九条第二款为由，向国家知识产权局申请撤销诉争商标在"豆腐；豆腐制品"核定使用商品上的注册。国家知识产权局作出被诉决定，认定在案证据尚不足以认定诉争商标构成《商标法》第四十九条第二款所指"注册商标成为其核定使用的商品的通用名称"的情形，决定诉争商标在"豆腐；豆腐制品"商品上的注册予以维持。清美公司不服，向一审法院提起行政诉讼。一审法院认为，"千页豆腐"商标未构成其核定使用的"豆腐；豆腐制品"商品上的法定通用名称或约定俗成的通用名称，判决驳回清美公司的诉讼请求。

清美公司不服一审判决，提起上诉。二审法院认为，被诉决定和一审判决关于在清美公司提出撤销申请之时至国家知识产权局审查和一审法院审理之时，诉争商标未在"豆腐；豆腐制品"商品上成为法定通用名称的相关认定并无不当。关于诉争商标是否成为"豆腐；豆腐制品"商品上约定俗成的通用名称，应当从诉争商标标志整体出发，根据清美公司提出撤销申请之时直至国家知识产权局审查和一审法院审理之时全国范围内相关公众的普遍认知予以判断。从诉争商标标志本身、消费者认知情况、同业经营者的使用情况、第三方的介绍和报道、典发公司对千页豆腐的使用情况来看，在国家知识产权局审查和一审法院审理该案之时，包括消费者和同业经营者在内的相关公众已普遍认为"千页豆腐"指代的是一类豆腐商品或豆腐制品，且上述认知并不限于特定地域，而是全国范围内的普遍现象，"千页豆腐"已成为"豆腐；豆腐制品"商品上约定俗成的通用名称。诉争商标作为一个整体使用在"豆腐；豆腐制品"商品上，已无法发挥商标应有的识别商品来源的作用，应当予以撤销。据此，二审法院判决撤销一审判决和被诉决定，国家知识产权局重新作出决定。

（六）撤销三年不使用商标

1. 原理

根据《商标法》第四十九条的规定，注册商标没有正当理由连续三年不使用的，任何单位或者个人可以向商标局申请撤销该注册商标。中国对提起撤三申请依据的证据要求比较低，通常提交简单的互联网检索结果即可，因此相对于无效宣告而言，撤三案件中申请人的举证责任比较轻。但因为互联网检索结果并非完全可靠，撤三案件的结果通常无法预期，因此在实务中很多企业在清除他人注册商标时，会同时提起无效宣告和撤三申请，以提高成功的概率。

另外，从撤三案件被申请人的角度出发，提交合适的证据至关重要，否则很有可能导致商标被撤销。合适的证据可以总结为以下 8 个要件。

（1）何时？

（2）在哪里？

（3）谁在使用？

（4）在什么商品或服务上使用？

（5）使用的是哪个商标？

（6）是否构成商标法意义上的使用？

（7）是否形成证据链？

（8）是否符合证据形式？

关于上述要件（1），需要提供撤三申请日前三年内的证据。例如撤三的申请日为 2021 年 2 月 19 日，则需要提供 2018 年 2 月 19 日到 2021 年 2 月 18 日期间的证据。实务中这个期间并不需要自己计算，国家知识产权局下发的提供使用证据通知上会予以载明。

关于上述要件（2），商标的使用需要在中国国内，但商品未在中国境内流通而直接出口的，可以认定构成核定商品的使用。

关于上述要件（3），商标使用主体可以是商标注册人自己，也包括商标注册人许可的他人以及其他不违背商标权人意志使用商标的人。例如许可他人使用的，应当能够证明许可使用关系的存在。

关于上述要件（4），商标注册人应当在核定使用的商品上使用注册商标，但在实际使用中，商标注册人的使用大多不是很规范，实际的使用情况比较复杂。为此，《商标审查审理指南》规定了一些审查规则：商标注册人在核定使用的商品上使用注册商标的，在与该商品相类似的商品上的注册可予以维持；商标注册人在核定使用商品之外的类似商品上使用其注册商标；不能视为对其注册商标的使用；系争商标实际使用的商品不属于《类似商品和服务区分表》中的规范商品名称，但其与系争商标核定使用的商品仅名称不同；本质上属于同一商品的；或是实际使用的商品属于核定商品下位概念的，可以认定构成在核定商品上的使用；系争商标核准注册时，核定的未实际使用商品与已实际使用商品在《类似商品和服务区分表》中不属于类似商品，但因《类似商品和服务区分表》的变化，在案件审理时属于类似商品的，以案件审理时的事实状态为准，可以维持未实际使用商品的注册；系争商标核准注册时；核定的未实际使用商品与已实际使用商品在《类似商品和服务区分表》中属于类似商品，但因《类似商品和服务区分表》的变化，在案件审理时不属于类似商品的，以核准注册时的事实状态为准，可以维持未实际使用商品的注册。

关于上述要件（5），商标注册人应当按照注册商标的样态使用注册商标，但在实际使用过程中，出于商业发展的需要，商标注册人经常会对注册商标进行变形后再使用。那么变形使用是否仍然构成对注册商标的使用？关于这一点，《最高人民法院关于审理商标授权确权行政案件若干问题的规定》第二十六条规定："实际使用的商标标志与核准注册的商标标志有细微差别，但未改变其显著特征的，可以视为注册商标的使用。"关于何为"有些微差别，但未改变其显著特征"并没有明确的规定，但实务中对于字体、颜色及图形的细微改变等，一般可视为对注册商标的使用。

对于上述要件（6）商标法意义上的使用应当是公开、真实、合法的商业使用。所谓公开使用，是相对于内部使用而言的、在外部公开的商业领域使用商标，例如在办公场所的标示和仅在内部使用的文具上的标示就不构成商标法意义上的使用。所谓真实使用，是指商标注册人对注册商标的使用是真实、善意的，不是为了规避撤销而应付性、象征性的使用。所谓合法使用，是指商标注册人对商标的使用不违反《商标法》和其他法律禁止性规定。所谓商业使用，是指在商业性运营过程对注册商标进行商标法意义上的使用，从而形成商标上的商誉，发挥商标区分产品来源的作用，不是将注册商标作为交易本身，或者纯粹是对注册商标权利的宣示、维护。例如在报纸上载明商标的注册信息、许可或转让注册商标，在报纸上刊登商标维权成功的报道等不属于商业行为，不构成商标法意义上的使用。

关于上述要件（7），要求提交成套的证据，这些证据在产生时间上存在必然的先后顺序，并且能够先后印证，以提供证据的真实性。商标交易类证据：买卖合同、发票+出货单+商品+沟通信函等。广告宣传类证据：广告制作合同、发票+广告发布合同、发票+具体广告内容（如报纸、杂志原件，视频广告播放页面等）+沟通信函等。展会类证据：展位租赁合同、发票+展会现场照片+展会印刷品+沟通信函等。

关于上述要件（8），国家知识产权局阶段只需提交复印件，法院诉讼阶段可能应对方要求需提交原件进行比对，另外，证据要反映上述要件（1）~（6）的内容。

最后，若商标注册人没有使用商标但有正当理由，则商标可以维持注册。《商标法实施条例》规定的正当理由包括不可抗力、政府政策性限制、破产清算和其他不可归责于商标注册人的正当事由。

【法律依据】

《商标法》第四十八条　本法所称商标的使用，是指将商标用于商品、商品包装或者容器以及商品交易文书上，或者将商标用于广告宣传、展览以及其他商业活动中，用于识别商品来源的行为。

第四十九条　商标注册人在使用注册商标的过程中，自行改变注册商标、注册人名义、地址或者其他注册事项的，由地方工商行政管理部门责令限期改正；期满不改正的，由商标局撤销其注册商标。

注册商标成为其核定使用的商品的通用名称或者没有正当理由连续三年不使用的，任何单位或者个人可以向商标局申请撤销该注册商标。商标局应当自收到申请之日起九个月内作出决定。有特殊情况需要延长的，经国务院工商行政管理部门批准，可以延长三个月。

《商标法实施条例》第六十五条　有商标法第四十九条规定的注册商标成为其核定使用的商品通用名称情形的，任何单位或者个人可以向商标局申请撤销该注册商标，提交申请时应当附送证据材料。商标局受理后应当通知商标注册人，限其自收到通知之日起两个月内答辩；期满未答辩的，不影响商标局作出决定。

第六十六条　有商标法第四十九条规定的注册商标无正当理由连续三年不使用情形的，任何单位或者个人可以向商标局申请撤销该注册商标，提交申请时应当说明有关情况。商标局受理后应当通知商标注册人，限其自收到通知之日起两个月内提交该商标在撤销申请提出前使用的证据材料或者说明不使用的正当理由；期满未提供使用的证据材料或者证据材料无效并没有正当理由的，由商标局撤销其注册商标。

前款所称使用的证据材料，包括商标注册人使用注册商标的证据材料和商标注册人许可他人使用注册商标的证据材料。

以无正当理由连续三年不使用为由申请撤销注册商标的，应当自该注册商标注册公告之日起满三年后提出申请。

第六十七条　下列情形属于商标法第四十九条规定的正当理由：

（一）不可抗力；

（二）政府政策性限制；

（三）破产清算；

（四）其他不可归责于商标注册人的正当事由。

2. 案例

【商评字［2023］第0000085620号】申请人因第16325851号"F‐herb及图"商标撤销案，不服国家知识产权局商标撤三字［2021］第Y037242号决定，向国家知识产权局申请复审。国家知识产权局经审理后认为，被申请人名下在第5类商品上拥有60多个有效商标。证据1的产品购销合同虽体现了复审商标，但合同签订双方系关联公司，且三年期间仅一份产品购销合同及对应发票。并且，证据3中的产品图片在被申请人官网及百度搜索查询显示商标为"ER‐KANG"，非该案复审商标。因此，国家知识产权局认为被申请人在案证据无法证明在指定期间内，复审商标在其核定商品上进行了真实、合法、有效的商业使用，应予以撤销注册。

【商评字［2023］第0000085616号】申请人因第6054857号"萬酒歸宗"商标撤销案，不服国家知识产权局商标撤三字［2022］第Y004078号决定，向国家知识产权局申请复审。国家知识产权局经审理后认为，该案焦点问题为复审商标在指定三年期间（2018年7月18日至2021年7月17日）是否进行了真实有效的商业使用。被申请人提交的白酒委托生产协议及酒箱包装印刷合同均无发票等履行凭证，证明上述交易得以真实履行。商标授权使用书不能证明复审商标经过使用。微信朋友圈产品宣传截图未显示复审商标使用主体，且为证明力弱的自制证明。综上，被申请人提交的在案证据无法形成完整的证据链条，证明复审商标在指定三年期间内得以真实、有效的使用，故予以撤销。

第四章

商标注册管理

一、注册申请备案管理

(一) 商标变更

1. 流程和周期

商标变更是指变更注册商标的注册人、注册地址或者其他事项。申请人变更其名义、地址、代理人,或者删减指定的商品的,可以向商标局办理变更手续。商标核准注册后,商标注册人的名义、地址或其他注册事项发生变更的,应当向商标局申请办理相应变更手续。

申请人需要变更其名义/地址、变更集体商标/证明商标管理规则/集体成员名单的,应当提交《变更商标申请人/注册人名义/地址/变更集体商标/证明商标管理规则/集体成员名单申请书》;需要变更商标注册申请的商标代理机构或者港澳台居民和企业,外国人和外国企业需要变更其国内文件接收人的,应当填写《变更商标代理人/文件接收人申请书》。

变更申请提交后,申请需要补正时,商标局发出补正通知书,并通知申请方期限补正。如申请方在规定期间内未按要求进行补正,商标局有权放弃或不承认变更申请。对于不满足受理条件的情况下,向申请方发出不予受理通知书。对于符合受理条件的,申请人自确立申请日起一般三个月内可以收到注册商标变更证明。该证明与商标注册证一并使用。变更后注册人为多个的,第一人为代表人。

2. 商标变更应提交的申请书件

1) 申请变更商标申请人/注册人名义

(1)《变更商标申请人/注册人名义/地址/变更集体商标/证明商标管理规

则/集体成员名单申请书》。

（2）申请人的身份证明文件复印件（如企业的营业执照副本等）。

（3）登记机关出具的变更证明。变更证明可以是登记机关官方网站下载打印的相关档案。注册人是企业的，应当出具相关登记部门的变更证明；注册人是事业单位的，应当出具事业单位登记部门的变更证明。变更证明显示的变更前名义和变更后名义应当分别与申请书上变更前名义和申请人名称相符。外国企业或外国人仅需变更中文译名的，应提供该外国企业或外国人申请变更中文译名的声明。

2）申请变更商标申请人/注册人地址、联系地址

（1）《变更商标申请人/注册人名义/地址/变更集体商标/证明商标管理规则/集体成员名单申请书》。

（2）申请人的身份证明文件复印件（如企业的营业执照副本等）。

（3）委托商标代理机构办理的提交《代理委托书》。

3）申请变更集体商标/证明商标使用管理规则

（1）《变更商标申请人/注册人名义/地址/变更集体商标/证明商标管理规则/集体成员名单申请书》。

（2）申请人的身份证明文件复印件（如企业的营业执照副本等）。

（3）申请人直接在商标注册大厅办理的提交经办人的身份证复印件；委托商标代理机构办理的提交《代理委托书》。

（4）变更后的集体商标/证明商标使用管理规则。如果涉及地理标志区域范围变化的，需提交界定地理标志产品地域范围的历史资料或地理标志所在地县级以上人民政府或行业主管部门出具的地域范围变更证明文件。

4）申请变更集体商标集体成员名单

（1）《变更商标申请人/注册人名义/地址/变更集体商标/证明商标管理规则/集体成员名单申请书》。

（2）申请人的身份证明文件（如企业的营业执照副本等）复印件。

（3）申请人直接在商标注册大厅办理的提交经办人的身份证复印件；委托商标代理机构办理的提交《代理委托书》。

（4）变更后的集体商标集体成员名单。

5）注册申请中的商标申请变更代理机构

（1）《变更商标代理人/文件接收人申请书》。

（2）申请人的身份证明文件（如企业的营业执照副本等）复印件。

（3）申请人与变更后商标代理机构签订的《代理委托书》。

6）港澳台地区个人和企业，外国人/外国企业申请变更国内文件接收人

（1）《变更商标代理人/文件接收人申请书》。

（2）申请人的身份证明文件（如企业的营业执照等）复印件。

3. 注意事项

（1）变更商标注册人名义或地址的，商标注册人应将其全部注册商标一并变更。对于需要一并变更的注册商标，申请人不再使用的，可办理注销。

（2）如果变更申请需要补正/改正的，国家知识产权局将发出补正/改正通知书，通知申请人限期补正/改正。申请人未在规定期限内按要求补正的，视为放弃或不予核准该变更申请。

（3）变更申请核准后，国家知识产权局将发给申请人变更证明或者核准通知书；变更申请被视为放弃或不予核准的，国家知识产权局将发出视为放弃通知书或不予核准通知书。

（4）共有商标的变更申请核准后，变更证明仅发给代表人。

（5）申请人以纸件方式直接办理的，将相应文书按照申请书上填写的联系地址（未填写联系地址的，送达到申请人地址），以邮寄方式送达给申请人；委托商标代理机构办理的，送达给该代理机构。

（6）提交纸件申请的申请人在同时办理名下多件商标的变更申请时，只需提供一份变更证明文件、身份证明文件、委托书。申请人在办理时应在变更申请书注明上述申请文件所在的具体申请件，委托书载明的委托权限应包含申请人本次办理变更申请的全部商标。

（7）变更商标代理人指申请人提交注册商标申请后，在该商标申请核准注册前，针对其注册申请的代理机构申请变更。外国注册人指定中国大陆地区文件接收人接收后续商标法律文书（如连续三年停止使用撤销案件、撤销成为通用名称注册商标案件、无效宣告案件），应办理有关变更文件接收人申请。

变更连续三年不使用撤销、异议、不予注册复审、驳回注册复审、无效宣告等案件中的代理人的，须直接向该案件审理部门提交变更代理人申请。

【法律依据】

《商标法》

第四十一条　注册商标需要变更注册人的名义、地址或者其他注册事项的,应当提出变更申请。

第四十九条第一款　商标注册人在使用注册商标的过程中,自行改变注册商标、注册人名义、地址或者其他注册事项的,由地方工商行政管理部门责令限期改正;期满不改正的,由商标局撤销其注册商标。

(二) 商标转让

1. 流程和周期

商标转让是商标注册人在注册商标的有效期内,依法定程序,将商标专用权转让给另一方的行为。转让注册商标的,转让人和受让人应当共同到商标局办理注册商标的转让手续。双方均为申请人,因继承、企业合并、兼并或改制等其他事由发生移转的,接受该注册商标专用权的当事人应当凭有关证明文件或者法律文书到商标局办理注册商标的移转手续。依法院判决发生商标专用权移转的,也应当办理移转手续。

申请转让注册商标有两条途径:委托国家认可的商标代理机构办理;申请人直接到商标局的商标注册大厅办理。

办理商标移转的,如果转让人不能盖章,受让人应提交其有权接受该商标的证明文件或者法律文书。例如,企业因合并、兼并或者改制而发生商标移转的,应提交合并、兼并或者改制文件和登记部门出具的证明。合并、兼并或者改制文件应证明商标权由受让人继受,登记部门应证明原注册人与受让人的关系、原注册人已经不存在的现实状态。因法院判决而发生商标移转的,应提交法院出具的法律文书,法律文书上的被执行人名称和接受该注册商标专用权的企业名称应当与申请书中的转让人名称和受让人名称相符。

自确立申请日起 6~8 个月可以收到商标转让证明,该证明需跟原商标注册证一并使用。

2. 商标转让应提交的申请书件

1) 企业转让

(1)《转让/移转申请/注册商标申请书》。

(2)转让人和受让人经盖章或者签字确认的身份证明文件复印件（如企业的营业执照副本、自然人的身份证/港澳居民居住证/台湾居民居住证/护照等）。

(3)委托商标代理机构办理的提交转让人和受让人双方出具的代理委托书，直接在商标注册大厅办理的，提交双方经办人的身份证复印件。

(4)申请移转的，商标注册人已经死亡或终止的，无须提交身份证明文件及其出具的代理委托书，但接受商标的当事人应当依法提交有关证明文件或者法律文书，证明有权利继受相应的商标权。

(5)申请文件为外文的，还应提供经申请人或代理组织或翻译机构签章确认的中文译本。

2）个体工商户转让

受让人为个体工商户的，可以以其个体工商户营业执照登记的字号作为受让人名义，也可以以其个人身份证姓名作为受让人名义。应提交以下材料的复印件。

(1)受让人的身份证。

(2)个体工商户营业执照。

3）个人合伙转让

个人合伙可以以其营业执照登记的字号或有关主管机关登记文件登记的字号作为受让人名义提出商标转让申请，也可以以全体合伙人的名义共同提出商标转让申请。以全体合伙人的名义共同提出申请时应提交以下材料的复印件。

(1)合伙人的身份证。

(2)营业执照。

(3)合伙协议。

4）农村承包经营户转让

农村承包经营户可以以其承包合同签约人的名义提出商标转让申请，申请时应提交以下材料的复印件。

(1)签约人身份证。

(2)承包合同。

5）其他自然人转让

其他依法获准从事经营活动的自然人，可以以其在有关行政主管机关颁发的登记文件中登载的经营者名义提出商标转让申请,申请时应提交以下材料的复印件。

(1)经营者的身份证。

(2)有关行政主管机关颁发的登记文件。

对于自然人受让人不符合上述规定的商标转让申请,国家知识产权局不予核准并书面通知申请人。

6)集体商标、证明商标转让

(1)集体商标转让需提交商标转让合同、集体成员名单、受让主体资格证明文件复印件和商标使用管理规则。

(2)证明商标转让需提交商标转让合同、受让主体资格证明文件复印件、受让人检测能力证明和商标使用管理规则。

(3)地理标志集体商标/证明商标转让需提交商标转让合同、受让资格证明文件复印件、地方政府或主管部门同意该地理标志转让的批复、受让人监督检测能力的证明和商标使用管理规则。

3.注意事项

(1)按照申请书上的要求逐一填写,且必须是打字或者印刷。转让人或受让人是自然人的,应在姓名后填写身份证件号码,外国自然人填写护照号码,电子申请除外。

(2)网上提交电子申请的,同意转让证明文件应由双方盖章、签字(法人或其他组织应盖章并同时由负责人或者法定代表人签字)并上传,原件应留存备查。

(3)办理移转申请的可以免于提供转让人身份证明文件复印件。

(4)商标由一个人所有转让为多个人共有的,在填写转让申请书时,受让人名称和地址的栏目应当填写代表人的名称和地址,受让人章戳处加盖代表人印章,其他共有人的名称应填写在附页的转让后其他共有人名义列表中,并加盖印章,其他共有人的地址不需填写。

(5)商标由多个人共有转让为一个人所有的,在填写转让申请书时,转让人名称和地址的栏目应填写原代表人的名称和地址,转让人章戳处加盖原代表人印章;受让人名称和地址填写在相应的栏目中,并加盖印章。原其他共有人的名称应填写在附页的转让前其他共有人名义列表中,并加盖印章,原其他共有人的地址不需填写。

（6）因共有商标的共有人发生改变（包括共有人的增加或减少）而申请转让的，在填写申请书时，应将原代表人的名称和地址填写在申请书的转让人名称和地址的栏目中，转让人章戳处加盖原代表人印章，原其他共有人的名称填写在附页的转让前其他共有人名义列表中，并加盖印章；申请书的受让人名称和地址栏目应填写转让后的代表人名称和地址，受让人章戳处加盖转让后的代表人印章，转让后的其他共有人名称应填写在附页的转让后其他共有人名义列表中，并加盖印章。附页列表中不需填写其他共有人的地址。

（7）"申请人承诺"栏：申请人在提交申请前，应仔细阅读申请人承诺内容。一旦提交申请，即视为申请人接受承诺内容。

（8）转让注册商标的，商标注册人对其在相同或类似商品上注册的相同或近似商标应当一并转让。对可能产生误认、混淆或者其他不良影响的转让申请，国家知识产权局不予核准。

（9）对于转让人名下领土延伸至中国受保护的马德里国际注册商标，与申请转让的国内注册商标构成相同或者近似商标的，应一并办理转让。

（10）已作出审查结论（含已初步审定、处于驳回复审、异议程序中的商标）的商标注册申请，应当参照注册商标一并办理转让。

（11）关于文件接收人：受让人为中国港、澳、台地区个人或企业，外国人或外国企业的，不需填写联系地址，但应当在申请书中指定中国大陆地区国内文件接收人负责接收后继商标法律文件。

（12）关于联系地址：中国大陆地区受让人不需填写文件接收人栏，但应按需填写联系地址，用于接收后继商标法律文件。

（13）如果转让申请需要补正的，国家知识产权局给申请人发出补正通知，要求申请人限期补正。申请人未在规定期限内按要求补正的，国家知识产权局有权对转让申请视为放弃或不予核准。

（14）对符合条件的转让申请，国家知识产权局发给当事人缴费通知书，当事人应按要求及时缴纳商标费用，否则不予受理该转让申请。

（15）转让申请核准后，国家知识产权局将发给受让人转让证明，同时将转让事宜予以公告。受让人自公告之日起享有商标专用权。

（16）转让申请被视为放弃或不予核准的，国家知识产权局发出视为放弃通知书或不予核准通知书。

（17）转让申请书中的受让人为多个人共有的，国家知识产权局的有关通知或证明仅发给代表人。

（18）申请人委托商标代理机构办理转让申请的，所有转让申请有关文件都送达给该商标代理机构。

（19）转让申请在国家知识产权局核准之前双方协商一致的，可以申请撤回。通过代理机构办理转让的，应通过原代理机构办理撤回手续。

【法律依据】

《商标法》

第四十二条　转让注册商标的，转让人和受让人应当签订转让协议，并共同向商标局提出申请。受让人应当保证使用该注册商标的商品质量。

转让注册商标的，商标注册人对其在同一种商品上注册的近似的商标，或者在类似商品上注册的相同或者近似的商标，应当一并转让。

对容易导致混淆或者有其他不良影响的转让，商标局不予核准，书面通知申请人并说明理由。

转让注册商标经核准后，予以公告。受让人自公告之日起享有商标专用权。

（三）商标续展

1. 流程和周期

商标续展是指注册商标所有人在商标注册有效期满 10 年前的一段时间内，依法办理一定的手续，延长其注册商标有效期的制度。注册商标所有人需要在商标 10 年专用期满时，要求延续其商标专用权，应当提出注册商标续展申请。

1）申请时间

在注册商标有效期满前 12 个月提出申请，如果在规定期限内未提出申请的，可给予 6 个月宽展期，但要按规定交纳延迟费。

2）申请书件

（1）《商标续展注册申请书》。

（2）申请人盖章或者签字确认的身份证明文件复印件（如企业的营业执照副本、自然人的身份证/港澳居民居住证/台湾居民居住证/护照等）。

（3）委托商标代理机构办理的，提交商标代理委托书。

（4）申请文件为外文的，还当附送中文译本。中文译本应经申请人或代理机构或者翻译机构签章确认。

3）商标续展审查期限

商标局对注册商标续展申请进行审核，认为手续齐备，符合规定的，自收到申请后3个月内发放注册商标续展证明，对于违反法律规定的不予核准，驳回申请。对于被驳回申请注册商标续展的，申请当事人若不服，可在接到驳回通知书起15天内申请复审，申请注册商标续展进入申请驳回商标续展复审阶段。

2. 注意事项

（1）续展申请核准后，商标局发给申请人续展证明，申请人以纸件方式直接办理的，将按照申请书上填写的地址，以邮寄方式发给申请人；经代理的，发送给代理机构。

（2）如果续展申请需要补正的，商标局给申请人发出补正通知（以纸件方式直接办理的，将按照申请书上填写的地址，以邮寄方式发给申请人；经代理的，发送给代理机构），要求申请人限期补正。申请人未在规定期限内按要求补正的，商标局有权对续展申请不予核准。

（3）续展申请被不予核准的，商标局发出不予核准通知书。纸件方式直接办理的，将按照申请书上填写的地址，以邮寄方式发给申请人；经代理的，发送给代理机构。

（4）续展申请书的类别应按照商标注册证核定的国际分类类别填写。

（5）续展申请在商标局核准之前，可以申请撤回。

【法律依据】

《商标法》

第四十条　注册商标有效期满，需要继续使用的，商标注册人应当在期满前十二个月内按照规定办理续展手续；在此期间未能办理的，可以给予六个月的宽展期。每次续展注册的有效期为十年，自该商标上一届有效期满次日起计算。期满未办理续展手续的，注销其注册商标。

商标局应当对续展注册的商标予以公告。

(四) 商标许可

1. 流程和周期

商标的使用既可以是商标所有人的自行使用，也可以是商标所有人以外的第三人的被许可使用。商标使用许可，是指商标注册人通过法定程序允许他人使用其注册商标的行为。通常是以订立使用许可合同的方式。许可类型有普通许可、排他许可、独占许可。商标使用许可是商标所有权中一个非常重要的权利，运用得当，可使企业获益多多。对此，企业应予重视。

企业许可他人使用注册商标，通常是以订立使用许可合同的方式，即发放许可证。在使用许可关系中，商标权人或授权使用商标的人为许可人，另一方为被许可人。

商标局自收到申请后，符合条件的，自申请之日起 3 个月内下发商标使用许可备案通知书。

2. 应提交的申请书件

1) 报送商标使用许可备案或者再许可备案

(1)《商标使用许可备案表》。

(2) 许可人/被许可人的身份证明文件复印件（如企业的营业执照副本、自然人的身份证/港澳居民居住证/台湾居民居住证/护照等）。

(3) 再许可的，还需报送注册人同意注册商标使用再许可授权书。

(4) 委托商标代理机构办理的提交代理委托书。

2) 报送变更许可人/被许可人名称备案

(1)《变更许可人/被许可人名称备案表》。

(2) 变更后的身份证明文件复印件。

(3) 有关登记机关出具的变更证明文件。变更证明可以是登记机关变更核准文件复印件或登记机关官方网站下载打印的相关档案。

3) 报送商标使用许可提前终止备案

(1)《商标使用许可提前终止备案表》。

(2) 许可人/被许可人的身份证明文件复印件。

4) 报送撤回商标使用许可备案

(1)《撤回商标使用许可备案表》。

(2) 许可人/被许可人的身份证明文件复印件。

(3) 委托商标代理机构办理的提交代理委托书。

3. 注意事项

(1) 报送商标使用许可备案后，对符合受理条件的，商标局予以受理并书面通知许可人；不符合受理条件的，商标局不予受理，书面通知许可人并说明理由；需要补正的，商标局通知许可人予以补正，许可人自收到通知之日起30日内，按照指定内容补正并交回商标局。期满未补正的或者不按照要求进行补正的，商标局不予受理并书面通知许可人。

(2) 符合《商标法》《商标法实施条例》规定的，商标局予以备案并书面通知许可人。

(3) 不符合《商标法》《商标法实施条例》规定的，商标局不予备案，书面通知许可人并说明理由。需要补正的，商标局通知许可人予以补正，许可人自收到通知之日起30日内，按照指定内容补正并交回商标局。期满未补正的或者不按照要求进行补正的，商标局不予备案并书面通知许可人。

(4) 办理再许可的，需在许可备案表是否再许可一栏勾选是，并填写许可人原备案号，附送注册人同意商标使用再许可授权文件。

(5) 以纸件方式直接办理的，商标局将相应文件通过邮寄方式送达许可人；委托商标代理机构的，送达商标代理机构。

【法律依据】

《商标法》

第四十三条 商标注册人可以通过签订商标使用许可合同，许可他人使用其注册商标。许可人应当监督被许可人使用其注册商标的商品质量。被许可人应当保证使用该注册商标的商品质量。

经许可使用他人注册商标的，必须在使用该注册商标的商品上标明被许可人的名称和商品产地。

许可他人使用其注册商标的，许可人应当将其商标使用许可报商标局备案，由商标局公告。商标使用许可未经备案不得对抗善意第三人。

《商标法实施条例》

第六十九条 许可他人使用其注册商标的，许可人应当在许可合同有效期内向商标局备案并报送备案材料。备案材料应当说明注册商标使用许可人、被许可人、许可期限、许可使用的商品或者服务范围等事项。

《最高人民法院关于审理商标民事纠纷案件适用法律若干问题的解释》

第十九条　商标使用许可合同未经备案的，不影响该许可合同的效力，但当事人另有约定的除外。商标使用许可合同未在商标局备案的，不得对抗善意第三人。

第二十条　注册商标的转让不影响转让前已经生效的商标使用许可合同的效力，但商标使用许可合同另有约定的除外。

（五）商标质押

1. 流程和周期

商标专用权质押是指商标注册人以债务或者担保人身份将自己所拥有的、依法可以转让的商标专用权作为债权的担保，当债务人不履行债务时，债权人有权依照法律规定，以该商标专用权折价或以拍卖、变卖该商标专用权的价款优先受偿。国家知识产权局对注册商标专用权质押登记、变更、延期、注销等申请不收取规费。办理质押登记事宜由质权人、出质人双方共同办理。双方可以委托同一个人或同一个代理机构代理。

2. 应提交的申请书件

1）申请质权登记

（1）申请人签字或者盖章的《商标专用权质权登记申请书》。

（2）出质人、质权人办理商标专用权质权登记有关业务的承诺书。

（3）主合同和注册商标专用权质权合同原件或经双方盖章确认的复印件。

（4）委托商标代理机构办理的，应当提交商标代理委托书。

2）申请质权人或出质人的名称（姓名）更改，以及质权合同担保的主债权数额变更

（1）申请人签字或者盖章的《商标专用权质权登记事项变更申请书》。

（2）出质人、质权人办理商标专用权质权登记事项变更承诺书。

（3）有关登记事项变更的协议或相关证明文件。

（4）委托商标代理机构办理的，应当提交商标代理委托书。

出质人名称（姓名）发生变更的，还应按照《商标法实施条例》的规定在国家知识产权局办理变更注册人名义申请。

办理质权登记事项变更申请后，由国家知识产权局重新核发商标专用权质权登记证。

3）申请质权延期登记

（1）申请人签字或者盖章的《商标专用权质权登记期限延期申请书》。

（2）出质人、质权人办理商标专用权质权登记期限延期承诺书。

（3）当事人双方签署的延期协议。

（4）委托商标代理机构办理的，应当提交商标代理委托书。

办理质权登记期限延期申请后，由国家知识产权局重新核发商标专用权质权登记证。

4）申请注销专用权质权登记

（1）申请人签字或者盖章的《商标专用权质权登记注销申请书》；

（2）出质人、质权人办理商标专用权质权登记注销承诺书；

（3）委托商标代理机构办理的，应当提交商标代理委托书。

质权登记期限届满后，该质权登记自动失效。

3. 具体说明

（1）按照申请书上的要求逐一填写，且必须是打印或者印刷形式，出质多件商标的，在一份申请书中列明，相同、近似的商标必须一并出质。

（2）商标专用权质权登记申请书应加盖出质人和质权人双方的印章，或有出质人、质权人的签字，委托代理人的，还应加盖代理人的章戳。

（3）出质人、质权人办理有关商标专用权质权登记业务的承诺书，应加盖出质人和质权人双方的印章，或有出质人、质权人的签字。

（4）注册商标专用权质权合同一般包括：①出质人、质权人的姓名（名称）及住址；②被担保的债权种类、数额；③债务人履行债务的期限；④出质注册商标的清单（列明注册商标的注册号、类别及专用期）；⑤担保的范围；⑥当事人约定的其他事项。

（5）上述文件为外文的，应当同时提交其中文译文。中文译文应当由翻译单位和翻译人员签字盖章确认。

4. 商标专用权质权登记证的领取和补发

申请登记书件齐备、符合规定的，国家知识产权局予以受理。受理日期即为登记日期。国家知识产权局自登记之日起2个工作日内向双方当事人发放商标专用权质权登记证。商标专用权质权登记证载明：出质人和质权人的名称（姓名）、出质商标注册号、被担保的债权数额、质权登记期限、质权登记日期。

出质人、质权人遗失商标专用权质权登记证的，应及时向国家知识产权局提出补发登记证申请，由国家知识产权局予以补发。

商标专用权质权登记证可以直接到国家知识产权局领取，也可以邮寄。直接领取的，由办理质权登记的经办人或其授权的人领取，领证人应携带本人的身份证和有关授权文件。如果是委托商标代理机构办理的，国家知识产权局将商标专用权质权登记证邮寄或发给该商标代理机构。

5. 注意事项

（1）申请人填写的地址、邮政编码和电话号码应详细准确，以保证邮件送达和便于联系。

（2）出质人名称与国家知识产权局档案所记载的名称不一致，且不能提供相关证明证实其为注册商标权利人的，国家知识产权局不予登记。

（3）合同的签订违反法律法规强制性规定的，国家知识产权局不予登记。

（4）商标专用权已经被撤销、被注销或者有效期满未续展的，国家知识产权局不予登记。

（5）商标专用权已被人民法院查封、冻结的，国家知识产权局不予登记。

【法律依据】

《商标法实施条例》

第七十条　以注册商标专用权出质的，出质人与质权人应当签订书面质权合同，并共同向商标局提出质权登记申请，由商标局公告。

《民法典》

第四百二十五条　为担保债务的履行，债务人或者第三人将其动产出质给债权人占有的，债务人不履行到期债务或者发生当事人约定的实现质权的情形，债权人有权就该动产优先受偿。

前款规定的债务人或者第三人为出质人，债权人为质权人，交付的动产为质押财产。

第四百二十七条　设立质权，当事人应当采用书面形式订立质押合同。

质押合同一般包括下列条款：（一）被担保债权的种类和数额；（二）债

务人履行债务的期限；（三）质押财产的名称、数量等情况；（四）担保的范围；（五）质押财产交付的时间、方式。

第四百三十四条　质权人在质权存续期间，未经出质人同意转质，造成质押财产毁损、灭失的，应当承担赔偿责任。

第四百四十条　债务人或者第三人有权处分的下列权利可以出质：（一）汇票、本票、支票；（二）债券、存款单；（三）仓单、提单；（四）可以转让的基金份额、股权；（五）可以转让的注册商标专用权、专利权、著作权等知识产权中的财产权；（六）现有的以及将有的应收账款；（七）法律、行政法规规定可以出质的其他财产权利。

二、商标使用证据管理

商标的使用证据是商标确权和维权的重要工具。因此，在商标的管理过程中，借助商标使用证据搜索和固证系统就显得尤为重要。通过商标使用证据搜索和固证系统，使用证据管理能够对企业外部线上商标使用证据进行多渠道集成式搜索和固证，连同企业内部使用证据形成完整的数据库；同时，有助于在商标确权、商标维权诉讼等工作中得到广泛的应用，以显著提升案件质量和成功率。

一件商标的成功注册并不是商标的终点，而恰恰只是该商标的起点。商标持有人要实现商标的价值，将商标投入现实商业活动中进行实际使用是最有效用的途径，而在对该商标进行商业使用的过程中，会产生一系列使用证据，这些证据对后续商标的确权维权起着至关重要的作用。如果对商标的使用证据管理不当，很有可能导致商标失效。这就要求申请人对商标的使用证据进行规范、有效的管理。

通常对商标使用证据的管理存在如下四种方式。

（1）配备专门的管理部门和专业的管理人员对商标使用证据进行整理。

（2）制定相应的证据管理办法及制度规范。

（3）做好证据标记和证据分类工作，按照证据的类型和时间等顺序存档。

（4）配备专业的商标证据管理系统（大中企业），对企业外部线上的商标使用证据进行多渠道集成式搜索和固证，与企业内部使用证据一起形成一个完整的商标使用证据库。

（一）提供使用证据阶段

在国内外商标的申请注册及后续复审、异议、撤三及无效宣告等多个程序中，均需商标申请人/持有人提供商标使用证据，主要包括五个阶段。

1）主张优先权

申请人基于展会首次使用主张商标优先权的，需自商品在（中国政府主办或承认的国际展览会）展会首次展出之日起6个月内提交商标申请并提供使用证据。

2）同日申请确权

根据《商标法实施条例》第十九条的规定，如果两个或者两个以上申请人，同一天在相同类似商品上申请注册相同或者近似商标的，商标局将通知各申请人提交其申请前在先使用该商标的证据，能够证明越早使用该商标的申请人，就能顺利获得该商标的在先申请权。

3）商标驳回复审

（1）若商标因违反绝对禁用条款被驳回，提供使用证据对于解除或降低审查员认为商标违反禁用条款的可能性。商标局审查员对商标违反绝对禁用条款属于一种主观判断，当事人可以通过商标的实际使用情况让审查员进行二次判断。如果商标在实践中大量使用，并与申请人建立了非常强的指向性，形成了一定的市场规模，这种情形下审查员可能倾向于认定该商标未违反禁用条款，从而准予商标的注册。

（2）若商标因违反绝对禁止注册条款，即因缺乏显著性被驳回，则商标使用证据将起到非常关键的作用。商标显著性的取得，通常有两种方式，一是商标固有的显著性，二是商标通过使用获得显著性。而要判断商标是否通过使用获得了显著性，主要应考虑该标志是否经过实际使用，使其与使用主体之间建立起唯一、稳定的对应关系，使得相关公众能够通过该标识区分商品服务的来源。提供商标使用证据，可以有力地证明商标在实际使用中具备显著性，从而降低或解除因商标缺乏显著性而被驳回的可能性。

（3）若商标因相同近似条款被驳回，是否提供驳回商标的实际使用证据需要结合商标近似程度进行判断。申请商标与引证商标的近似程度越高，因商标实际使用来降低混淆可能性的程度越低，申请商标实际使用的证据几乎不可能改变构成混淆的可能性,在此情况下提供使用证据不能对复审案件的成败起到关键作用。如果申请商标与引证商标只是一定程度上的近似,由于商标可以通过使用来获得与实际使用人的指向性,指向性越强则该商标与引证商标构成混淆的可能性越低。在这种情况下,提供申请商标的使用证据可以直接影响审查员对于商标近似与否的判断。

4)异议、撤三及无效宣告

系争商标涉及抢注他人驰名商标或他人已经使用并有一定影响的商标,异议人或无效宣告请求人在提起异议或无效宣告请求时,对于引证商标的在先使用和知名度的举证十分重要。商标撤三案件中如果没有有效的使用证据证明注册商标于法定期限内在商业活动中存在真实、合法、公开的使用,则注册商标极有可能被撤销。商标申请人或答辩人可通过提交商标使用证据向商标评审委员会证明自己的商标为自己独创,且已通过使用具备较强的显著性特征,应用在特定商品上不会造成一般消费者的混淆误认,能够作为商标注册或维持注册。

5)行政诉讼

针对商标评审委员会下发的裁定提起行政诉讼的原告,需要提供相应的使用证据材料对自己的主张予以支撑。

【法律依据】

《商标法》第二十六条 商标在中国政府主办的或者承认的国际展览会展出的商品上首次使用的,自该商品展出之日起六个月内,该商标的注册申请人可以享有优先权。

依照前款要求优先权的,应当在提出商标注册申请的时候提出书面声明,并且在三个月内提交展出其商品的展览会名称、在展出商品上使用该商标的证据、展出日期等证明文件;未提出书面声明或者逾期未提交证明文件的,视为未要求优先权。

第三十四条 对驳回申请、不予公告的商标,商标局应当书面通知商标注册申请人。商标注册申请人不服的,可以自收到通知之日起十五日内向商标评审委员会申请复审。商标评审委员会应当自收到申请之日起九个月内作出决定,并书面通知申请人。有特殊情况需要延长的,经国务院工商行政管理部门批准,可以延长三个月。当事人对商标评审委员会的决定不服的,可以自收到通知之日起三十日内向人民法院起诉。

第三十五条第一款至第三款　对初步审定公告的商标提出异议的，商标局应当听取异议人和被异议人陈述事实和理由，经调查核实后，自公告期满之日起十二个月内做出是否准予注册的决定，并书面通知异议人和被异议人。有特殊情况需要延长的，经国务院工商行政管理部门批准，可以延长六个月。

商标局做出准予注册决定的，发给商标注册证，并予公告。异议人不服的，可以依照本法第四十四条、第四十五条的规定向商标评审委员会请求宣告该注册商标无效。

商标局做出不予注册决定，被异议人不服的，可以自收到通知之日起十五日内向商标评审委员会申请复审。商标评审委员会应当自收到申请之日起十二个月内做出复审决定，并书面通知异议人和被异议人。有特殊情况需要延长的，经国务院工商行政管理部门批准，可以延长六个月。被异议人对商标评审委员会的决定不服的，可以自收到通知之日起三十日内向人民法院起诉。人民法院应当通知异议人作为第三人参加诉讼。

第四十四条第三款　其他单位或者个人请求商标评审委员会宣告注册商标无效的，商标评审委员会收到申请后，应当书面通知有关当事人，并限期提出答辩。商标评审委员会应当自收到申请之日起九个月内做出维持注册商标或者宣告注册商标无效的裁定，并书面通知当事人。有特殊情况需要延长的，经国务院工商行政管理部门批准，可以延长三个月。当事人对商标评审委员会的裁定不服的，可以自收到通知之日起三十日内向人民法院起诉。人民法院应当通知商标裁定程序的对方当事人作为第三人参加诉讼。

第四十九条第二款　注册商标成为其核定使用的商品的通用名称或者没有正当理由连续三年不使用的，任何单位或者个人可以向商标局申请撤销该注册商标。商标局应当自收到申请之日起九个月内作出决定。有特殊情况需要延长的，经国务院工商行政管理部门批准，可以延长三个月。

第六十三条第一款和第二款　侵犯商标专用权的赔偿数额，按照权利人因被侵权所受到的实际损失确定；实际损失难以确定的，可以按照侵权人因侵权所获得的利益确定；权利人的损失或者侵权人获得的利益难以确定的，参照该商标许可使用费的倍数合理确定。对恶意侵犯商标专用权，情节严重的，可以在按照上述方法确定数额的一倍以上三倍以下确定赔偿数额。赔偿数额应当包括权利人为制止侵权行为所支付的合理开支。

人民法院为确定赔偿数额，在权利人已经尽力举证，而与侵权行为相关的账簿、资料主要由侵权人掌握的情况下，可以责令侵权人提供与侵权行为相关的账簿、资料；侵权人不提供或者提供虚假的账簿、资料的，人民法院可以参考权利人的主张和提供的证据判定赔偿数额。

第六十四条　注册商标专用权人请求赔偿，被控侵权人以注册商标专用权人未使用注册商标提出抗辩的，人民法院可以要求注册商标专用权人提供此前三年内实际使用该注册商标的证据。注册商标专用权人不能证明此前三年内实际使用过该注册商标，也不能证明因侵权行为受到其他损失的，被控侵权人不承担赔偿责任。

销售不知道是侵犯注册商标专用权的商品，能证明该商品是自己合法取得并说明提供者的，不承担赔偿责任。

《商标法实施条例》第十九条　两个或者两个以上的申请人，在同一种商品或者类似商品上，分别以相同或者近似的商标在同一天申请注册的，各申请人应当自收到商标局通知之日起30日内提交其申请注册前在先使用该商标的证据。同日使用或者均未使用的，各申请人可以自收到商标局通知之日起30日内自行协商，并将书面协议报送商标局；不愿协商或者协商不成的，商标局通知各申请人以抽签的方式确定一个申请人，驳回其他人的注册申请。商标局已经通知但申请人未参加抽签的，视为放弃申请，商标局应当书面通知未参加抽签的申请人。

第二十四条　对商标局初步审定予以公告的商标提出异议的，异议人应当向商标局提交下列商标异议材料一式两份并标明正、副本：

（一）商标异议申请书；

（二）异议人的身份证明；

（三）以违反商标法第十三条第二款和第三款、第十五条、第十六条第一款、第三十条、第三十一条、第三十二条规定为由提出异议的，异议人作为在先权利人或者利害关系人的证明。

商标异议申请书应当有明确的请求和事实依据，并附送有关证据材料。

第二十七条　商标局应当将商标异议材料副本及时送交被异议人，限其自收到商标异议材料副本之日起30日内答辩。被异议人不答辩的，不影响商标局作出决定。

当事人需要在提出异议申请或者答辩后补充有关证据材料的,应当在商标异议申请书或者答辩书中声明,并自提交商标异议申请书或者答辩书之日起3个月内提交;期满未提交的,视为当事人放弃补充有关证据材料。但是,在期满后生成或者当事人有其他正当理由未能在期满前提交的证据,在期满后提交的,商标局将证据交对方当事人并质证后可以采信。

第四十五条 对指定中国的领土延伸申请,自世界知识产权组织《国际商标公告》出版的次月1日起3个月内,符合商标法第三十三条规定条件的异议人可以向商标局提出异议申请。

商标局在驳回期限内将异议申请的有关情况以驳回决定的形式通知国际局。

被异议人可以自收到国际局转发的驳回通知书之日起30日内进行答辩,答辩书及相关证据材料应当通过依法设立的商标代理机构向商标局提交。

第五十一条 商标评审是指商标评审委员会依照商标法第三十四条、第三十五条、第四十四条、第四十五条、第五十四条的规定审理有关商标争议事宜。当事人向商标评审委员会提出商标评审申请,应当有明确的请求、事实、理由和法律依据,并提供相应证据。

商标评审委员会根据事实,依法进行评审。

第五十九条 当事人需要在提出评审申请或者答辩后补充有关证据材料的,应当在申请书或者答辩书中声明,并自提交申请书或者答辩书之日起3个月内提交;期满未提交的,视为放弃补充有关证据材料。但是,在期满后生成或者当事人有其他正当理由未能在期满前提交的证据,在期满后提交的,商标评审委员会将证据交对方当事人并质证后可以采信。

第六十六条 有商标法第四十九条规定的注册商标无正当理由连续3年不使用情形的,任何单位或者个人可以向商标局申请撤销该注册商标,提交申请时应当说明有关情况。商标局受理后应当通知商标注册人,限其自收到通知之日起2个月内提交该商标在撤销申请提出前使用的证据材料或者说明不使用的正当理由;期满未提供使用的证据材料或者证据材料无效并没有正当理由的,由商标局撤销其注册商标。

前款所称使用的证据材料,包括商标注册人使用注册商标的证据材料和商标注册人许可他人使用注册商标的证据材料。

以无正当理由连续 3 年不使用为由申请撤销注册商标的，应当自该注册商标注册公告之日起满 3 年后提出申请。

（二）使用证据类型

既然商标的使用证据管理如此重要，那么商标的使用证据都包括哪些呢？

商标的使用，是指对商标的商业使用。包括：①将商标用于包装、装潢或交易文书上，或者将商标用于广告宣传、展览以及其他商业活动中。②许可他人使用。被许可人的使用视为该商标的使用，但应当由注册人向商标局提供使用证明及商标使用许可合同。③完全以出口为目的，在本国国内将商标附着于商品或者其包装物、包裹物，也视为该商标在本国内的使用。

其具体表现形式主要如下。

（1）有关商标申请人/持有人的基本情况介绍及相关证据（包括成立时间、经营规模、范围、知名度及获得的奖项、荣誉等）。

（2）企业字号（如与申请商标相关）、申请商标设计含义、由来及申请商标的设计样稿、合同等。

（3）最先使用商标的情况介绍及相关信息、截图等。

（4）（系列）商标/专利/计算机软件著作权的注册情况介绍及相关文件、清单及注册证书等。

（5）连续使用商标的情况介绍及相关文件，包括订单、合同、发票等。商标注册人在订立合同、签订协议时一定要明确标注商标，最好能写上注册商标的名称和注册号，为商标的使用留下有效的证据。商标注册人应该规范发票的开具和保管，在填写商品、服务名称的同时认真填写商标名称，为商标的使用留下有力的证据。另外，相对于以手工方式开具的发票，由税控装置打印的发票和增值税专用发票，由于其管理和使用更加严格和规范，因而更具有证明力。

（6）申请人/持有人的商标及企业商号在行业内及消费者领域的知名度和影响力，如电视、报刊、网络媒体对商标/商号的宣传和报道，以及参加各类展会、会议的邀请函、照片等。

（7）企业对产品进行的宣传广告。商标的标识多处于广告的显著位置，但一些广告的发布方式，如电视广告、户外广告，由于不能提供广告发布的时间信息而难以作为直接证据证明商标的使用情况。报纸、杂志、各种会议、博览会、商品交易会等的宣传广告由于能够很好地提供时间、商标标识等重要信息，是更为直接有力的证据。与广告公司签订的广告发布合同，只要合同中标识商标名称，也可以作为有效使用证据。

（8）相关品牌产品的获奖情况，如获奖证书、获得荣誉等。

（9）商标对应产品实物、产品包装、由上级质量监督部门和行业协会等权威机构出具的证明商品品质的产品检验报告等。单纯的包装物或容器由于难以确定其印制和使用的具体时间，因此还需要其他证据进行佐证，比如委托印刷时与印刷厂签订的合同等，合同要标明商标名称。

（10）商标印制证明材料。商标印制是商标使用的前提条件，因此商标印制的证明材料也是一种证明商标使用的有力证据。企业在印制商标时要选择信誉好、经营范围包括"商标标识印制"的印刷企业。这样的印刷企业对于商标印制都有完善的管理制度，对印制的时间、商标名称、印制委托人都有完整的登记和保管记录，开具发票、订立合同也比较规范，可以为商标的使用提供有力的证据。

（11）其他能够证明商标广泛使用和知名度的视频、文字、图片等证明材料。包括产品说明书、商品进出口检验检疫证明、产品报关单等。所有上述单一的材料都未必能够充分证明一个商标的使用情况，因此往往需要有多种证据材料相互印证，相互关联，形成有效的证据链条，才能充分证明商标的使用情况。

(三) 使用证据的要求和注意事项

需要额外注意的是，在提供使用证据时，部分申请人虽然拥有不少商标使用材料，但是并不是被商标局或商标评审委员会所认可的有效证据。因此，在对商标使用证据进行收集和整理的时候，还应该注意需符合以下要求。

（1）能够显示出题述使用的商标标识（合同、发票等重要证据需在首页、备注栏等显著位置标明商标名称或图样）。

（2）能够显示出商标使用在指定商品/服务上；每个群组需提供至少一项商品/服务上的使用证据。

（3）针对淘宝、天猫、京东等电商平台，应保存好商标相关网页截图证据，留存链接、用户名称及评价等信息，同时可在当地公证处对证据进行公证。

（4）能够显示出商标的使用人，既包括商标注册人自己，也包括商标注册人许可的他人。如许可他人使用的，应当能够提供证明许可使用关系的材料。

（5）能够显示出商标的使用日期，针对部分案件（如撤三等）应当提供在自撤销申请之日起向前推算三年内的使用证据。

最好是原件或经公证的复印件。

同时需要注意，以下情形不被视为商标法意义上的商标使用。

（1）商标注册信息的公布或者商标注册人关于对其注册商标享有专用权的声明。

（2）未在公开的商业领域使用。

（3）改变了注册商标主要部分和显著特征的使用。

（4）仅有转让或许可行为而没有实际使用。

（5）仅以维持商标注册为目的的象征性使用。

仅提交下列证据，不视为商标法意义上的商标使用。

（1）商品销售合同或提供服务的协议、合同。

（2）书面证言。

（3）难以识别是否经过修改的物证、视听资料、网站信息等。

（4）实物与复制品。

第五章

商标维权

一、工商行政查处

（一）主管机关

商标侵权案件主要由违法行为发生地的市场监督管理部门进行查处。

市场监督管理部门按级别可分为四级：国家市场监督管理总局；省、直辖市、自治区级市场监督管理局；市级（地级市）市场监督管理局；县级（包括县级市）市场监督管理局。其中，国家市场监督管理总局和省级市场监督管理局一般不直接查处具体案件，因此权利人可以向有管辖权的县级、设区的市级市场监督管理部门申请。

关于"违法行为发生地"，对于传统线下案件，侵权店铺、仓库、物流运输工具、工厂等，均可以作为向市场监督管理部门举报的管辖点。对于电子商务行为，针对平台经营者，可以向其住所地市场监督管理部门投诉；针对平台内经营者，可以向平台经营者住所地市场监督管理部门投诉，也可以向平台内经营者实际经营地市场监督管理部门投诉。

在实践中，具体负责的机构有时并不明确，因此权利人在进行投诉时，可以通过当地市场监督管理部门的网站查找相关信息，必要时可以拨打电话进行咨询。

（二）投诉主体

对商标侵权行为，任何人均可以向市场监督管理部门进行投诉或者举报。实务中主要是商标注册人和利害关系人进行投诉，利害关系人主要包括商标的被许可使用人和其他注册商标财产权利的继承人等。

(三) 投诉材料

各地市场监督管理部门要求的投诉材料略有不同，大致包括以下材料。

（1）商标权利人签署或盖章的请求市场监管部门查处涉嫌商标侵权案件的请求书原件。

（2）商标注册证复印件，并提交原件校验。

（3）商标权利人的主体资格证明复印件。

（4）商标权利人委托代理机构投诉的，应提交该代理机构的营业执照或律师事务所资格证明、授权书复印件等；代理机构授权案件具体经办人的，应提交经办人的身份证复印件，加盖代理机构公章，并提供原件校验。

（5）商标权利人为境外企业或自然人的，应当按照《商标法》第十八条的规定，委托依法设立的商标代理机构办理商标案件投诉事宜；请求书、授权书等投诉材料应按照相关规定办理公证、认证手续，提交公证、认证文件复印件，并提供原件校验。

（6）涉嫌侵权当事人的基本信息。

（7）涉嫌侵权的事实根据、理由和有关证据，包括侵权商标商品的实物样品或照片等。

（8）如果涉案商标涉及商标争议（如无效宣告、商标异议、诉讼等）情况的，须提供相关证明材料复印件。

（9）如果该商标在其他地方有同类行政、司法保护记录的，请提供相关的行政处罚决定书、司法判决书复印件等证明材料。

（10）市场监管部门认为需要提交的其他材料。

（四）审查期限

市场监督管理部门应当自立案之日起90日内作出处理决定，因案情复杂或者其他原因，可以延长30日，案情特别复杂或者有其他特殊情况，可以确定延长的合理期限。

（五）查处结果

认定侵权行为成立的，市场监督管理部门可作出以下处罚决定。

（1）责令立即停止侵权行为。

（2）没收、销毁侵权商品和主要用于制造侵权商品、伪造注册商标标识的工具。

（3）违法经营额5万元以上的，可以处违法经营额5倍以下的罚款。

（4）没有违法经营额或者违法经营额不足5万元的，可以处25万元以下的罚款。

（5）对5年内实施两次以上商标侵权行为或者有其他严重情节的，应当从重处罚。

（6）销售不知道是侵犯注册商标专用权的商品，能证明该商品是自己合法取得并说明提供者的，责令停止销售。

上述罚款是由被处罚人上缴国库的，并不是赔偿给商标权利人的。商标权利人如果想获得赔偿，可以请求市场监督管理部门进行调解，经调解后，当事人未达成协议或者调解书生效后不履行的，还可以向人民法院起诉。当然，权利人也可以直接向人民法院提起商标侵权诉讼进行索赔。

【法律依据】

《商标法》

第六十条　有本法第五十七条所列侵犯注册商标专用权行为之一，引起纠纷的，由当事人协商解决；不愿协商或者协商不成的，商标注册人或者利害关系人可以向人民法院起诉，也可以请求工商行政管理部门处理。

工商行政管理部门处理时，认定侵权行为成立的，责令立即停止侵权行为，没收、销毁侵权商品和主要用于制造侵权商品、伪造注册商标标识的工具，违法经营额五万元以上的，可以处违法经营额五倍以下的罚款，没有违法经营额或者违法经营额不足五万元的，可以处二十五万元以下的罚款。对五年内实施两次以上商标侵权行为或者有其他严重情节的，应当从重处罚。销售不知道是侵犯注册商标专用权的商品，能证明该商品是自己合法取得并说明提供者的，由工商行政管理部门责令停止销售。

对侵犯商标专用权的赔偿数额的争议，当事人可以请求进行处理的工商行政管理部门调解，也可以依照《中华人民共和国民事诉讼法》向人民法院起诉。经工商行政管理部门调解，当事人未达成协议或者调解书生效后不履行的，当事人可以依照《中华人民共和国民事诉讼法》向人民法院起诉。

《商标法实施条例》

第七十七条　对侵犯注册商标专用权的行为，任何人可以向工商行政管理部门投诉或者举报。

第八十二条 在查处商标侵权案件过程中，工商行政管理部门可以要求权利人对涉案商品是否为权利人生产或者其许可生产的产品进行辨认。

《行政处罚法》

第二十二条 行政处罚由违法行为发生地的行政机关管辖。法律、行政法规、部门规章另有规定的，从其规定。

《市场监督管理行政处罚程序规定》

第十条 网络交易平台经营者和通过自建网站、其他网络服务销售商品或者提供服务的网络交易经营者的违法行为由其住所地县级以上市场监督管理部门管辖。

平台内经营者的违法行为由其实际经营地县级以上市场监督管理部门管辖。网络交易平台经营者住所地县级以上市场监督管理部门先行发现违法线索或者收到投诉、举报的，也可以进行管辖。

第六十四条 适用普通程序办理的案件应当自立案之日起九十日内作出处理决定。因案情复杂或者其他原因，不能在规定期限内作出处理决定的，经市场监督管理部门负责人批准，可以延长三十日。案情特别复杂或者有其他特殊情况，经延期仍不能作出处理决定的，应当由市场监督管理部门负责人集体讨论决定是否继续延期，决定继续延期的，应当同时确定延长的合理期限。

案件处理过程中，中止、听证、公告和检测、检验、检疫、鉴定、权利人辨认或鉴别、责令退还多收价款等时间不计入前款所指的案件办理期限。

（六）案例

1. 案件经过[1]

2022年12月13日，权利人玉环市黄杜果蔬种植专业合作社向玉环市市场监督管理局举报，称玉环红德日用品商行在销售侵犯其注册商标、厂名、厂址的纸箱产品。根据上述线索，玉环市市场监督管理局执法人员于2022年12月14日对玉环红德日用品商行的经营场所进行检查，现场发现并扣押了一批标注"黄杜蜜桔""玉环市黄杜果蔬种植专业合作社"字样的纸箱产品。同日，

---

[1] 玉环市市场监督管理局玉市监处罚〔2023〕151号行政处罚决定书。

玉环市市场监督管理局对玉环红德日用品商行立案调查。案件调查中，玉环市市场监督管理局发现，玉环红德日用品商行所销售的桔子纸箱系由玉环市田野彩印包装有限公司生产、印制。玉环市市场监督管理局于2023年2月15日对当事人玉环市田野彩印包装有限公司立案调查。调查期间，当事人的法定代表人谢某、玉环红德日用品商行接受玉环市市场监督管理局询问调查，并提供相关凭证。2023年3月27日，玉环市市场监督管理局向当事人送达了玉市监罚告〔2023〕640号行政处罚告知书。

2. 查明事实

2021年11月初，自然人杨某良提供"黄杜蜜桔""玉环市黄杜果蔬种植专业合作社"等文字和图案，委托当事人生产、印制桔子纸箱2060个，约定价款3元/个。当事人未尽合理审查义务，生产并印制含有"浙江省玉环市清港镇荣幸村"等字样的纸箱产品2060个。生产完成后，自然人杨某良于2021年11月8日至当事人处提走620个，对外销售。因剩余1440个桔子纸箱许久无人提走，玉环红德日用品商行经当事人通知，于2022年10月至当事人处提走，放于经营场所对外销售。至2022年12月14日经权利人玉环市黄杜果蔬种植专业合作社向市场监督管理局举报而案发。对于自然人杨某良对外销售620个侵权桔子纸箱的行为，商标权利人知情，并于2021年底责令其停止销售，而不予追究其法律责任。故此，对于当事人伪造、擅自制造他人注册商标标识的数量应以剩余的1440个桔子纸箱为限。经查明，当事人于2021年11月初，接受委托生产含有"黄杜蜜桔""玉环市黄杜果蔬种植专业合作社"等文字和图案的桔子纸箱1440个，生产成本2.5元/个。生产完成后，于2022年10月全部销售给玉环红德日用品商行，销售价格3元/个。购进后放于店内零售，售价3.5元/个。计该案货值金额4320元，违法所得720元。"黄杜蜜桔"商标系玉环市黄杜果蔬种植专业合作社经国家知识产权局商标局核准使用在桔等商品的注册商标，注册号为7421291，专用权期限为2020年10月28日至2030年10月27日。

3. 案涉证据

（1）权利人玉环市黄杜果蔬种植专业合作社提供的举报材料1份，证明该案的案件线索来源情况以及商标权利人的资质情况。

（2）现场检查笔录、实施行政强制措施决定书及财物清单各1份，证明了执法人员对玉环红德日用品商行场所进行检查，发现涉案纸箱并实施扣押的情况。

（3）证据卷页1份，证明涉案桔子纸箱的外观、商标、厂名、厂址标注情况。

（4）对当事人法定代表人谢某的询问笔录2份，对玉环红德日用品商行的询问笔录2份，证明了当事人生产、销售涉案纸箱的具体情况。

（5）当事人提供的个人身份证、营业执照复印件各1份，证明了当事人的主体资质情况。

4. 处理结果

玉环市市场监督管理局认定案件性质：当事人所生产的桔子纸箱是用于桔子的包装材料，拟配套使用的内容物与第7421291号注册商标核准使用的桔属于同一种商品，当事人在上述桔子纸箱上使用的商标"黄杜"，与注册商标相比较，在视觉上构成近似，属于近似商标。当事人未经商标注册人许可，在同一种商品的包装材料上使用与注册商标近似的商标，容易导致混淆，属于《商标法》第五十七条第（六）项所指侵犯注册商标专用权的违法行为。

当事人生产上述桔子纸箱的行为，违反了《商标法实施条例》第七十五条、《商标法》第五十七条第（六）项的规定，属于故意为侵犯他人商标专用权行为提供便利条件的违法行为；当事人的上述行为违反了《中华人民共和国产品质量法》第三十七条的规定，属于销售者冒用他人的厂名、厂址的违法行为；当事人的上述行为还违反了《印刷业管理条例》第二十五条、第二十六条的规定，属于在接受委托时未验证商标注册证，印刷伪造的注册商标标识的违法行为。上述三个违法行为存在想象竞合，应择一重处罚，该案应按照故意为侵犯他人商标专用权行为提供便利条件的违法行为进行处罚。鉴于当事人积极配合调查，违法行为轻微，社会危害性较小，根据《国家市场监管总局关于规范市场监督管理行政处罚裁量权的指导意见》第十四条第三项的规定，建议给予从轻处罚。

根据《商标法》第六十条第二款和《行政处罚法》第二十八条的规定，决定对当事人处罚如下：责令改正，没收违法所得720元，罚款12000元。

二、海关行政查处

（一）海关保护模式

海关对商标权的保护分主动保护（依职权保护）和被动保护（依申请人申请保护）两种模式。

主动保护，是指商标注册人向中国海关总署申请商标权海关保护备案。经核准后，当海关发现有进出口货物涉嫌侵犯备案的注册商标的商标专用权时，会依职权扣留涉嫌货物，并通知商标注册人进行进一步的处理。

被动保护，指商标注册人自行发现有涉嫌侵犯其注册商标专用权的货物进出海关的，可以向该海关提出扣留货物的申请。

（二）海关保护备案

1. 办理主体

只有商标注册人可以申请商标权海关保护备案。使用商标权的被许可人不可以以自己的名义申请海关备案，但是可以接受委托以其代理人的身份并以商标注册人的名义申请。

非中国大陆的商标权利人必须委托境内的自然人、法人或者其他组织向海关总署申请办理。

2. 办理流程

申请人登录知识产权海关保护系统（http：//202.127.48.145：8888/auth/logon!LoadUser.do）→在线填写备案申请表→提交备案申请→系统受理→材料补正（申请人发现申请错误需要补正的，可以在海关审核前自行撤回修改）→海关审核→办结。

1）申请人登录知识产权海关保护系统

申请人在提交备案申请前，首先需要在系统中注册账户，账户应当以商标注册人的名义进行注册，填写商标注册人信息并上传主体资格证明文件（如企业营业执照、自然人身份证）后提交审核，审核通过后系统会以电子邮件通知申请人。实务中，申请人一般5个工作日之内能收到审核结果。

2）在线填写备案申请表

成功注册账户以后，申请人可以登录该账户，并按照页面上的信息准备和提交具体注册商标的备案申请。

除录入注册商标信息之外,申请人还可以录入希望海关重点保护的商品及注册商标被许可使用人等合法使用人。

3)海关审核

申请人提交申请后,可随时登录系统查询海关总署审核其申请的情况。海关总署核准或者驳回备案申请,将通过电子邮件通知申请人。

3. 办理期限

海关总署将自收到申请人提交的电子申请之日起30个工作日内做出核准或者驳回申请的决定。

4. 办理费用

自2015年11月1日起向海关总署申请商标权保护备案的,海关总署暂停收取费用。

5. 有效期

知识产权海关备案自海关总署核准备案之日起有效期为10年。商标权有效期不足10年的,备案有效期以商标权有效期为准。

用户可在商标权海关保护备案有效期届满前6个月内,向海关总署申请续展备案。每次续展备案的有效期为10年。

(三)海关保护备案后的依职权保护

1. 海关扣留或放行

根据海关备案的信息,若海关发现侵权嫌疑货物,可以要求货物收发货人提供权属证明或授权,若货物收发货人无法提供,海关可以暂时扣留货物,并通知商标权利人提交扣留或放行申请。

海关一般会通过电子邮件或邮寄的方式向商标权利人下发中华人民共和国×××海关确认知识产权状况通知书,备案人须于3个工作日内提交扣留或放行申请书。若申请扣留的,应当根据通知书中记载的账户信息和担保金金额支付担保金,并在提交扣留申请书的同时提交支付凭证。

商标权利人申请扣留并支付担保金的,海关应当扣留侵权嫌疑货物;商标权利人申请放行或未支付担保金的,海关应当放行侵权嫌疑货物。

2. 海关调查和处理

海关扣留侵权嫌疑货物后,会对货物是否侵权的事实进行调查。在此期间，商标权利人可以主动配合海关进行调查，提供相应证据予以支持，从而增加认定侵权的可能性。

若海关认定侵权，应当作出行政处罚决定，并书面送达商标权利人和收发货人。决定书的内容包括侵权货物的名称和数量、收发货人名称、侵权货物申报进出口日期、侵权货物的启运地和指运地、没收决定和罚款金额等内容。

若海关认定不侵权，应当自扣留侵权嫌疑货物之日起30个工作日内书面通知商标权利人和收发货人。

3. 费用结算

海关决定没收侵权货物的，商标权利人应当按照货物在海关扣留后的实际存储时间支付仓储费、保管费和处置费等费用。

实践中，海关会向商标权利人送达中华人民共和国×××海关知识产权案件处理结果通知书，通知书中会告知商标权利人需要支付的仓储费、保管费和处置费等费用的具体金额以及相关单位的收款银行账户信息，并告知在缴纳完成后可向海关申请退回保证金。

（四）海关保护未备案的依申请保护

若注册商标未在海关备案，商标权利人自行发现侵权嫌疑货物的，可以主动向海关申请扣留货物。

1. 申请扣留前的准备

商标权利人在申请扣留货物前，应当进行初步调查，弄清涉嫌侵权货物的详细信息，如货物的名称和数量、收发货人的名称、货物申报进出口的日期和单号以及货物的启运地和指运地等，以方便海关进行扣留。

此外，商标权利人还应当收集相关侵权证据，以证明侵权事实的存在。

2. 申请扣留

商标权利人向海关申请扣留侵权嫌疑货物，应当提交申请书及相关证明文件，并提供足以证明侵权事实明显存在的证据，同时缴纳担保。

申请书应当包括下列主要内容：①知识产权权利人的名称或者姓名、注册地或者国籍等；②知识产权的名称、内容及其相关信息；③侵权嫌疑货物收货人和发货人的名称；④侵权嫌疑货物名称、规格等；⑤侵权嫌疑货物可能进出境的口岸、时间、运输工具等。侵权嫌疑货物涉嫌侵犯备案知识产权的，申请书还应当包括海关备案号。

相关证明文件一般包括商标权利人的身份证明、商标权属证明（如商标注册证、续展证明、转让证明）等。

商标权利人请求海关扣留侵权嫌疑货物，还应当向海关提交足以证明侵权事实明显存在的证据。证据应当能够证明以下事实：①请求海关扣留的货物即将进出口；②在货物上未经许可使用了侵犯其商标专用权的商标标志。

担保费用应在海关规定的期限内缴纳，应相当于货物价值。

3. 海关扣留

海关扣留侵权嫌疑货物的，应当将货物的名称、数量、价值、收发货人名称、申报进出口日期、海关扣留日期等情况书面通知商标权利人。经海关同意，商标权利人可以查看海关扣留的货物。

4. 商标权利人提起诉讼

与依职权保护不同，海关依申请扣留侵权嫌疑货物的，并不会进行调查和处理，只是进行暂时的扣留。因此，商标权利人可以依据海关通知的货物信息，进行进一步的调查，并尽快向法院提起诉讼，请求法院向海关发出协助扣押侵权嫌疑货物的书面通知。

根据规定，海关自扣留侵权嫌疑货物之日起20个工作日内，收到人民法院协助扣押有关货物书面通知的，应当予以协助；未收到人民法院协助扣押通知或者商标权利人要求海关放行有关货物的，海关应当放行货物。因此，商标权利人应在该期限内向法院提起诉讼。

【法律依据】

《海关法》

第四十四条　海关依照法律、行政法规的规定，对与进出境货物有关的知识产权实施保护。

需要向海关申报知识产权状况的，进出口货物收发货人及其代理人应当按照国家规定向海关如实申报有关知识产权状况，并提交合法使用有关知识产权的证明文件。

第九十一条　违反本法规定进出口侵犯中华人民共和国法律、行政法规保护的知识产权的货物的，由海关依法没收侵权货物，并处以罚款；构成犯罪的，依法追究刑事责任。

《知识产权海关保护条例》

第三条　国家禁止侵犯知识产权的货物进出口。

海关依照有关法律和本条例的规定实施知识产权保护，行使《中华人民共和国海关法》规定的有关权力。

第四条　知识产权权利人请求海关实施知识产权保护的，应当向海关提出采取保护措施的申请。

（五）案例

1. 案件经过[1]

2022年2月11日，当事人以"跨境贸易电子商务"方式申报出口6票商品清单，经金陵海关现场查验发现，6票清单商品为使用"RAY – BAN"标识的眼镜，共计121副，涉嫌侵犯陆逊梯卡集团股份有限公司（以下简称"权利人"）在海关总署备案的商标权（备案号：T2018 – 67299）。经权利人确认，该批商品上使用的"RAY – BAN"标识未经权利人授权。金陵海关于2022年3月9日扣留上述商品并对该案展开调查。

2. 查明事实

涉案商品使用的字母标识与权利人在海关总署备案的商标构成图案完全相同，视觉上无差别，符合《最高人民法院关于审理商标民事纠纷案件适用法律若干问题的解释》第九条第一款中对于"商标相同"的定义，且使用在同一类商品上，未经权利人授权，属于《商标法》第五十七条第（一）项规定的"未经商标注册人的许可，在同一种商品上使用与其注册商标相同的商标"的行为。综上，当事人出口涉案眼镜已构成明显的侵犯商标专用权行为。

3. 案涉证据

（1）出口商品申报清单6份。

（2）现场查验记录。

（3）涉案商品相关照片。

（4）涉案商标的总署备案证明。

（5）金陵海关确认知识产权状况通知书（金关知通字〔2022〕1号）。

---

[1] 中华人民共和国金陵海关金关知字〔2022〕1号行政处罚决定书。

（6）权利人请求扣留涉嫌侵权物品的申请及随附资料。

（7）海关总署核准陆逊梯卡集团股份有限公司办理 2022 年知识产权海关保护总担保的证明文件。

（8）扣留决定书、扣留清单、扣留现场笔录（金关知扣字〔2022〕1号）。

（9）金陵海关调查人员对伊兰特（代理人）查问笔录。

（10）伊兰特工商登记资料、授权委托书等材料。

4. 处理结果

根据《中华人民共和国知识产权海关保护条例》第二十七条、《中华人民共和国海关行政处罚实施条例》第二十五条第一款之规定，金陵海关决定对当事人作出如下行政处罚：没收涉案眼镜 121 副，并处罚款人民币 110 元。

三、展会投诉

（一）受理机构

商标权利人可以向展会知识产权投诉机构投诉也可直接向知识产权行政管理部门投诉。

展会知识产权投诉机构应由展会主办方、展会管理部门以及专利、商标、版权等知识产权行政管理部门的人员组成，其职责如下。

（1）接受知识产权权利人的投诉，暂停涉嫌侵犯知识产权的展品在展会期间展出。

（2）将有关投诉材料移交相关知识产权行政管理部门。

（3）协调和督促投诉的处理。

（4）对展会知识产权保护信息进行统计和分析。

（5）其他相关事项。

（二）投诉材料

商标权利人向投诉机构投诉的，应当提交以下材料。

（1）合法有效的商标权属证明：由投诉人签章确认的商标注册证明文件和商标权利人身份证明。

（2）涉嫌侵权当事人的基本信息。

（3）涉嫌侵权的理由和证据。

（4）委托代理人投诉的，应提交授权委托书。

（三）不予受理的情形

有下列情形之一的，地方工商行政管理部门对侵犯商标专用权的投诉或者处理请求不予受理。

（1）投诉人或者请求人已经向人民法院提起商标侵权诉讼的。

（2）商标权已经无效或者被撤销的。

（四）投诉结果

向展会知识产权投诉机构投诉的，若参展方侵权成立，展会管理部门可依法对有关参展方予以公告；参展方连续两次以上侵权行为成立的，展会主办方应禁止有关参展方参加下一届展会。实践中，很多大型展会会制定自己的知识产权投诉和管理办法，如参展方构成侵权，展会会根据其制定的投诉和管理办法予以处理。

向知识产权行政管理部门投诉的，地方工商行政管理部门认定侵权成立的，应当根据《商标法》《商标法实施条例》等相关规定进行处罚。

（五）案例

1. 诉讼请求[1]

卡拉威高尔夫公司（Callaway Golf Company，以下简称"卡拉威公司"）向广东省广州市海珠区人民法院提起诉讼，主张张家港华夏帽业有限公司（以下简称"华夏帽业公司"）侵犯其注册商标专用权，诉讼请求为：①华夏帽业公司立即停止侵犯卡拉威公司第7683422号注册商标专用权的行为；②华夏帽业公司赔偿卡拉威公司经济损失1000000元（包括卡拉威公司为制止侵权所发生的合理费用）；③华夏帽业公司承担该案的诉讼费。卡拉威公司在该案诉讼过程中变更上述第①项诉讼请求为华夏帽业公司立即停止侵犯卡拉威公司第7683422号注册商标专用权和不正当竞争行为，具体为停止在展会上展出带有卡拉威公司注册商标的产品目录宣传册，停止在华夏帽业公司官方网站（www.huaxiacap.com）上使用卡拉威公司注册商标。

---

[1] 广州知识产权法院（2019）粤73民终5977号民事判决书。

一审法院判决认为，华夏帽业公司使用卡拉威公司第 7683422 号注册商标的行为不属于商标使用行为，未构成商标侵权，但其行为将会导致相关公众误信卡拉威公司是华夏帽业公司的客户，对华夏帽业公司的经营业绩或所经营帽子产品的来源产生误解，由此增加华夏帽业公司的企业知名度及帽子类产品的知名度，进而增加了华夏帽业公司的交易机会，构成了《反不正当竞争法》中的虚假宣传不正当竞争行为，应承担相应的民事责任。一审法院判决：①华夏帽业公司自判决生效之日起停止在其宣传册上使用卡拉威公司第 7683422 号商标，停止在其网站上使用卡拉威公司第 7683422 号商标；②华夏帽业公司在判决生效之日起 10 日内赔偿卡拉威公司经济损失人民币 1000000 元（包括维权支出）；③驳回卡拉威公司的其他诉讼请求。案件受理费人民币 13800 元，由华夏帽业公司负担。

华夏帽业公司不服一审判决，向广州知识产权法院上诉，上诉请求为：①撤销广州市海珠区人民法院（2018）粤 0105 民初 19199 号民事判决，判决华夏帽业公司不构成不正当竞争，不承担任何责任或依法改判；②上诉费由卡拉威公司承担。

2. 查明事实

卡拉威公司于 1999 年 5 月 11 日成立，是一家在美国合法注册并存续的公司。卡拉威公司经我国国家商标局核准在第 25 类"帽子的帽檐、帽、有帽檐的帽、运动衫、绒衣、T 恤衫、无袖背心、背心（马甲）、帽檐、热身服、挡风夹克、风衣、鞋、高尔夫球鞋"商品上注册了第 7683422 号"Callaway"商标，商标专用权期限为 2011 年 1 月 14 日至 2021 年 1 月 13 日。

华夏帽业公司于 2002 年 3 月 18 日成立，注册资金 3088 万元，公司类型为有限责任公司（自然人投资或控股的法人独资），经营范围为：帽子、服装及其他缝纫制品制造、销售；经营本企业自产产品及技术的出口业务和本企业所需的机械设备、零配件、原辅材料及技术的进口业务。

华夏帽业公司于 2017 年参加了第 121 届中国进出口商品交易会（以下简称"广交会"）的第三期展览，其参展展位为 8.0F19 - 20/G15 - 16。卡拉威公司在该届广交会参展期间向广交会投诉接待站投诉华夏帽业公司侵权，经广交会投诉接待站处理，华夏帽业公司于 2017 年 5 月 5 日向卡拉威公司出具承诺书，该承诺书主要内容如下："我华夏帽业公司在第 121 届广交会第三期展位（展位号：第三期 8.0F19-20/G15-16）上摆放的产品目录宣传册上及广告牌有侵犯卡拉威高尔夫公司（CALLAWAY GOLF COMAPNY）的注册商标专用权（商标注册证号：7683422）和高仕利公司（ACUSHNET COMPANY）的注册商标专用权（商标注册证号：1936769）的商标标识。华夏帽业公司现承诺如下：①主动在第 121 届广交会上撤展上述产品目录宣传册及广告牌上的侵权商标标识。②以后不生产、销售侵犯卡拉威高尔夫公司、高仕利公司、邓禄普体育用品株式会社（DUNLOP SPORTS CO. LTD）、卡斯顿制造有限公司（KARSTEN MANUFACTURING CORPORATION）、泰勒梅高尔夫有限公司（TAYLORMADE GOLF COMPANY INC.）和帕森斯极限高尔夫有限责任公司（PARSONS XTREME GOLF LLC）的知识产权的产品，不再展出侵犯任何上述公司知识产权的宣传材料。③本承诺书签署后如发现承诺人违反本协议内容，以任何方式侵犯上述任一公司的知识产权的，承诺人愿意支付任何上述公司人民币一百万元整（￥1000000），作为重复侵权的约定赔偿；本承诺书自签署之日起生效。"

2018 年 5 月 4 日，卡拉威公司的委托代理人到广州市南方公证处申请证据保全公证，该公证处于 2018 年 5 月 31 日出具的（2018）粤广南方第 032945 号公证书证明以下事实：2018 年 5 月 4 日卡拉威公司的转委托代理人与广州市南方公证处公证员和工作人员来到广州市海珠区的中国进出口交易会展馆，该展馆正在举办第 123 届广交会，进入该展馆 8.0 馆华夏帽业公司的展位（8.0F19-20G15-16），代理人以普通采购代表身份在该展位取得名片一张及宣传图册一本（以下称"被控侵权宣传册"）。该被控侵权宣传册内容全英文，其中第 25 页最上方印有"3.1CUSTOMERS（brands）_ SPORTSBRANDS"，跟着第三个图标为"Callaway"，该"Callaway"前后有 NEWERA、耐克、背靠背、彪马等多个国内外品牌的商标图案（以下称"被控侵权图文"）。卡拉威公司因上述公证取证向广州市南方公证处支付了公证费 800 元。

卡拉威公司工作人员或代理人于 2019 年 4 月 9 日登录华夏帽业公司网站 www.huaxiacap.com，网站中"Service"（服务）栏内有"4.1CUSTOMERS

(brands)_SPORTSBRANDS",跟着第三个图标为"*Callaway*",且该"*Callaway*"前后有 NEWERA、耐克、背靠背、彪马等多个品牌的商标图案（以下称"被控侵权图文"）。工业和信息化部网站关于域名信息备案管理系统显示 www.huaxiacap.com 网站是华夏帽业公司于 2011 年 5 月 30 日开办的企业网站。

3. 判决结果

关于被诉行为是否构成不正当行为，二审法院认为，华夏帽业公司及卡拉威公司均为从事生产、销售帽子、服饰企业，经营范围相似，双方在业务范围上存在竞争关系。华夏帽业公司在其公司宣传册及网站宣传有关不实内容，足以造成相关公众误解，其虚假宣传的行为，违反诚实信用原则和商业道德，被诉行为属于法律明确规定的不正当竞争行为，应当依法承担停止侵权、赔偿损失的民事责任。

关于一审法院适用赔偿方式以及判赔金额是否适当，二审法院认为，该案中，华夏帽业公司向卡拉威公司出具关于侵害知识产权的承诺书，对于侵权损害赔偿方式和数额通过合同方式进行了约定，这是双方当事人关于侵权赔偿方式与赔偿金额的明确约定。知识产权作为私权允许平等市场主体通过自愿达成合意的方式对于双方权利和义务进行明确约定，若不违反法律法规效力性强制规定，应属合法有效，对于双方当事人均具有法律效力。承诺书相关约定应当作为该案确定赔偿方式与赔偿金额的依据。

综上所述，二审法院判决驳回上诉，维持原判。

【法律依据】

《展会知识产权保护办法》

第七条 展会知识产权投诉机构应由展会主办方、展会管理部门、专利、商标、版权等知识产权行政管理部门的人员组成，其职责包括：

（一）接受知识产权权利人的投诉，暂停涉嫌侵犯知识产权的展品在展会期间展出；

（二）将有关投诉材料移交相关知识产权行政管理部门；

（三）协调和督促投诉的处理；

（四）对展会知识产权保护信息进行统计和分析；

（五）其他相关事项。

第八条　知识产权权利人可以向展会知识产权投诉机构投诉也可直接向知识产权行政管理部门投诉。权利人向投诉机构投诉的，应当提交以下材料：

（一）合法有效的知识产权权属证明：涉及专利的，应当提交专利证书、专利公告文本、专利权人的身份证明、专利法律状态证明；涉及商标的，应当提交商标注册证明文件，并由投诉人签章确认，商标权利人身份证明；涉及著作权的，应当提交著作权权利证明、著作权人身份证明；

（二）涉嫌侵权当事人的基本信息；

（三）涉嫌侵权的理由和证据；

（四）委托代理人投诉的，应提交授权委托书。

四、电商及新媒体平台投诉

（一）电商及新媒体投诉入口

（1）阿里巴巴知识产权保护平台：https：//ipp. alibabagroup. com/。该平台受理对淘宝、天猫、1688、全球速卖通、国际站、一达通、Lazada 等进行统一的投诉处理。

（2）京东知识产权保护平台：https：//ipr. jd. com/edition。打开页面可以看到中文和英文两个入口。

（3）拼多多知识产权保护平台：https：//ipp. pinduoduo. com/cpp/index。

（4）美团知识产权维权平台：https：//ipr. meituan. com/。

（5）抖音知识产权保护平台：https：//ippro. bytedance. com/。

（6）快手知识产权保护平台：https：//ipp. kuaishou. com。

（7）哔哩哔哩知识产权保护平台：https：//www. bilibili. com/v/copyright/intro/。

（二）投诉流程

各大电商或新媒体平台的投诉流程虽然略有不同，但大体包括以下四个步骤。

（1）投诉人在平台上注册账号。

（2）投诉人提交身份证明和商标权利凭证并经平台审核。

（3）投诉人针对具体的侵权链接提交投诉申请。

（4）平台对侵权链接进行是否侵权的认定并作出相应处理。

（三）投诉材料

各大电商或新媒体平台的投诉材料虽然略有不同，但大体上包括以下六项。

（1）商标权利人身份证明，一般为营业执照。

（2）商标权利证明，包括商标注册证、商标变更证明、商标转让证明、商标续展证明等。

（3）侵权链接、投诉内容、投诉理由、投诉诉求。

（4）构成侵权的初步证据（如购买侵权产品后对侵权产品真伪的鉴定结果等）。

（5）与涉嫌侵权商品或内容有关的生效司法判决、行政裁定等证明文件（若有）。

（6）委托代理机构投诉的，代理人需提交授权委托书。

（四）投诉处理周期

各个电商或新媒体平台的商标侵权投诉处理周期略有不同，但大多在15日之内。

【法律依据】

《民法典》

第一千一百九十四条　【网络侵权责任】网络用户、网络服务提供者利用网络侵害他人民事权益的，应当承担侵权责任。法律另有规定的，依照其规定。

第一千一百九十五条　【网络服务提供者侵权补救措施与责任承担】网络用户利用网络服务实施侵权行为的，权利人有权通知网络服务提供者采取删除、屏蔽、断开链接等必要措施。通知应当包括构成侵权的初步证据及权利人的真实身份信息。

网络服务提供者接到通知后，应当及时将该通知转送相关网络用户，并根据构成侵权的初步证据和服务类型采取必要措施；未及时采取必要措施的，对损害的扩大部分与该网络用户承担连带责任。

权利人因错误通知造成网络用户或者网络服务提供者损害的，应当承担侵权责任。法律另有规定的，依照其规定。

第一千一百九十六条 【不侵权声明】网络用户接到转送的通知后，可以向网络服务提供者提交不存在侵权行为的声明。声明应当包括不存在侵权行为的初步证据及网络用户的真实身份信息。

网络服务提供者接到声明后，应当将该声明转送发出通知的权利人，并告知其可以向有关部门投诉或者向人民法院提起诉讼。网络服务提供者在转送声明到达权利人后的合理期限内，未收到权利人已经投诉或者提起诉讼通知的，应当及时终止所采取的措施。

第一千一百九十七条 【网络服务提供者的连带责任】网络服务提供者知道或者应当知道网络用户利用其网络服务侵害他人民事权益，未采取必要措施的，与该网络用户承担连带责任。

《电子商务法》

第四十一条 电子商务平台经营者应当建立知识产权保护规则，与知识产权权利人加强合作，依法保护知识产权。

第四十二条 知识产权权利人认为其知识产权受到侵害的，有权通知电子商务平台经营者采取删除、屏蔽、断开链接、终止交易和服务等必要措施。通知应当包括构成侵权的初步证据。

电子商务平台经营者接到通知后，应当及时采取必要措施，并将该通知转送平台内经营者；未及时采取必要措施的，对损害的扩大部分与平台内经营者承担连带责任。

因通知错误造成平台内经营者损害的，依法承担民事责任。恶意发出错误通知，造成平台内经营者损失的，加倍承担赔偿责任。

第四十三条 平台内经营者接到转送的通知后，可以向电子商务平台经营者提交不存在侵权行为的声明。声明应当包括不存在侵权行为的初步证据。

电子商务平台经营者接到声明后，应当将该声明转送发出通知的知识产权权利人，并告知其可以向有关主管部门投诉或者向人民法院起诉。电子商务平台经营者在转送声明到达知识产权权利人后十五日内，未收到权利人已经投诉或者起诉通知的，应当及时终止所采取的措施。

第四十四条　电子商务平台经营者应当及时公示收到的本法第四十二条、第四十三条规定的通知、声明及处理结果。

第四十五条　电子商务平台经营者知道或者应当知道平台内经营者侵犯知识产权的，应当采取删除、屏蔽、断开链接、终止交易和服务等必要措施；未采取必要措施的，与侵权人承担连带责任。

《信息网络传播权保护条例》

第十四条　对提供信息存储空间或者提供搜索、链接服务的网络服务提供者，权利人认为其服务所涉及的作品、表演、录音录像制品，侵犯自己的信息网络传播权或者被删除、改变了自己的权利管理电子信息的，可以向该网络服务提供者提交书面通知，要求网络服务提供者删除该作品、表演、录音录像制品，或者断开与该作品、表演、录音录像制品的链接。通知书应当包含下列内容：

（一）权利人的姓名（名称）、联系方式和地址；

（二）要求删除或者断开链接的侵权作品、表演、录音录像制品的名称和网络地址；

（三）构成侵权的初步证明材料。

权利人应当对通知书的真实性负责。

第十五条　网络服务提供者接到权利人的通知书后，应当立即删除涉嫌侵权的作品、表演、录音录像制品，或者断开与涉嫌侵权的作品、表演、录音录像制品的链接，并同时将通知书转送提供作品、表演、录音录像制品的服务对象；服务对象网络地址不明、无法转送的，应当将通知书的内容同时在信息网络上公告。

第十六条　服务对象接到网络服务提供者转送的通知书后，认为其提供的作品、表演、录音录像制品未侵犯他人权利的，可以向网络服务提供者提交书面说明，要求恢复被删除的作品、表演、录音录像制品，或者恢复与被断开的作品、表演、录音录像制品的链接。书面说明应当包含下列内容：

（一）服务对象的姓名（名称）、联系方式和地址；

（二）要求恢复的作品、表演、录音录像制品的名称和网络地址；

（三）不构成侵权的初步证明材料。

服务对象应当对书面说明的真实性负责。

第十七条　网络服务提供者接到服务对象的书面说明后，应当立即恢复被删除的作品、表演、录音录像制品，或者可以恢复与被断开的作品、表演、录音录像制品的链接，同时将服务对象的书面说明转送权利人。权利人不得再通知网络服务提供者删除该作品、表演、录音录像制品，或者断开与该作品、表演、录音录像制品的链接。

(五) 案例

1. 电商平台投诉

1) 诉讼请求[1]

上海拉谷谷时装有限公司（以下简称"拉谷谷公司"）向浙江省杭州市余杭区人民法院提起诉讼，主张槐某超、乐恒（深圳）贸易有限公司（以下简称"乐恒公司"）和浙江淘宝网络有限公司（以下简称"淘宝公司"）侵犯其注册商标专用权并构成不正当竞争，诉讼请求为：①三被告立即停止侵害原告第13124375号"Lagogo"商标专用权的行为和不正当竞争行为；②三被告连带赔偿原告经济损失及为制止侵权行为所支出的合理费用共计70万元；③该案的诉讼费用由上述三被告承担。庭审中，鉴于案涉店铺中被控侵权信息已不存在，原告自愿撤回上述第一项诉讼请求。

2) 查明事实

2014年12月21日，拉谷谷公司经国家商标局核准注册第13124375号"Lagogo"商标。该商标核定使用商品为第25类：服装、内衣等，有效期至2024年12月20日止。2015年1月，原告注册的"Lagogo"商标在服装产品上被评为上海市著名商标。

2020年5月26日，拉谷谷公司的委托代理人登录淘宝网，通过搜索进入掌柜名为"h7y8c9"、店铺名为"lagogo拉谷谷女装"的淘宝店铺。该网店信誉评价为双蓝冠。代理人在该网店找到一款商品名称为"Lagogo拉谷谷2020年夏装夏款夏季本白色短袖T恤女JATT313C02"的商品，显示售价114元，累计评论1条，交易成功3次。代理人选择相应尺码点击购买，付款124元（含快递费10元）。该店铺还展示、销售其他多款链接名中含"Lagogo"的服

---

[1] 浙江省杭州市余杭区人民法院（2021）浙0110民初12488号民事判决书。

装产品。庭审中，当庭查看前述公证购买的实物，内有T恤一件，T恤吊牌、领标上均标注有"Lagogo"标识，款号为JATT313C02。经鉴别，拉谷谷公司确认该实物非其生产或授权生产。2020年5月14日、5月25日、5月27日，拉谷谷公司的委托代理人在前述店铺三次公证购买其他不同商品链接的女装产品（分别为短裙、毛衣、裤子）。经鉴别，拉谷谷公司确认这些实物均为其生产的正品。庭审中原告确认其之前在该店铺自行购买"Lagogo"品牌女装，经鉴别为正品。

淘宝公司确认掌柜名为"h7y8c9"、店铺名为"lagogo拉谷谷女装"的淘宝店铺由被告槐某超注册经营。该店铺注册时间为2012年3月29日。案涉店铺自2018年5月6日起至2020年1月3日止、自2020年1月11日起至2020年9月5日止的期间内使用的店铺名分别为"lagogo拉谷谷女装""lagogo666""lagogo品牌女装"。庭审中，拉谷谷公司确认被控侵权信息已经不存在。

另查明：2019年7月16日，拉谷谷公司向阿里巴巴知识产权保护平台发起投诉。投诉信息显示：被投诉卖家：h7y8c9。投诉链接类型：商品。投诉链接：ID562598084758（与拉谷谷公司于2020年5月公证购买的4个商品链接系不同链接）。投诉理由：通过购买该链接中卖家产品，经拉谷谷公司质检部门检测，并经相关部门鉴定，确定以下链接中出售的商品为假货，详情见附件。附件内容为拉谷谷公司出具的鉴定报告，鉴定报告显示：购买订单号522551616682179739；鉴定方式、鉴定理由为产品外观的对比方式；拉谷谷公司正品（右）标记处"中国上海"中间有一点，但是卖家产品（左）却没有；拉谷谷公司正品（右）标记处有爱心图案，但是卖家产品（左）却没有；鉴定结论为案涉淘宝店铺号称lagogo品牌的产品是假货。2019年7月19日、9月2日，卖家槐某超两次进行申诉，并提交显示乐恒公司盖章的批发销售单、深圳增值税普通发票、发票查验明细等照片。批发销售单、深圳增值税普通发票、发票查验明细上显示商品品名为T恤，款号为IATT314F71。经小二处理，两次申诉均不成立。2019年9月23日，投诉完结，淘宝公司对被投诉商品链接做删除处理。

3）判决结果

该案中，涉案T恤领标、吊牌处标注的"Lagogo"标识清晰显著，起到识别商品来源作用，属于商标性使用。该标识与拉谷谷公司第13124375号商标标识完全相同，构成相同商标，且涉案 T 恤属拉谷谷公司第 13124375 号商标核准使用的商品范围，构成相同商品。拉谷谷公司确认涉案产品非其生产或授权生产，因此，涉案 T 恤为未经拉谷谷公司许可在相同商品上使用相同商标的产品，属于侵犯拉谷谷公司第 13124375 号商标的商品。槐某超销售该涉案产品的行为属商标侵权行为，其未能举证证明涉案产品系其合法取得并说明提供者，应当承担赔偿损失的民事责任。鉴于槐某超销售的该实物系侵权物品，槐某超在前述链接名称上使用"Lagogo"字样同样侵犯原告的第 13124375 号商标专用权。槐某超通过其他链接展示、销售"Lagogo"品牌的女装，因这些女装或为正品，或原告未举证证明系侵权商品，故法院对原告主张槐某超展示、销售该些女装侵害其商标专用权的主张不予支持。该店铺销售的女装基本为正品，槐某超在店铺名中使用"Lagogo"字样不会导致消费者对商品来源产生混淆，故法院对原告主张槐某超在店铺名中使用"Lagogo"字样侵害其商标专用权的主张不予支持。

涉案淘宝店铺名为"lagogo 拉谷谷女装""lagogo666""lagogo 品牌女装"，槐某超未经拉谷谷公司许可在该些店铺名中使用"Lagogo"，足以引人误认为该店铺系拉谷谷公司授权许可开设或与拉谷谷公司存在其他特定联系，构成对拉谷谷公司的不正当竞争。拉谷谷公司主张槐某超在该淘宝店铺销售案涉商品的行为会造成消费者误认为槐某超与原告存在授权许可销售或关联企业等特定联系，构成不正当竞争。法院认为，关于槐某超展示销售案涉侵权 T 恤衫的行为，法院已认定侵害原告商标专用权，无须再以《反不正当竞争法》进行规制，故对该项主张不予支持。关于槐某超销售其他"Lagogo"正品女装的行为，并不会导致消费者造成混淆，法院对原告的该项主张不予支持。

拉谷谷公司主张乐恒公司向槐某超提供案涉商品，构成帮助侵权。法院认为，原告仅举证证明槐某超销售的一款款号为 JATT313C02 的 T 恤为侵权商品，该 T 恤与槐某超在申诉阶段向阿里巴巴知识产权保护平台提交的批发销售单、深圳增值税普通发票、发票查验明细照片显示的款号为 IATT314F71 的 T 恤无涉，原告未举证证明侵权 T 恤来源于乐恒公司，故乐恒公司不存在侵害商标权或不正当竞争的行为，法院对原告针对乐恒公司的诉请均不予支持。

拉谷谷公司主张其在 2019 年 7 月 16 日向阿里巴巴知识产权保护平台就槐某超销售侵权产品（链接 ID：562598084758）的行为发起投诉，投诉审核通过,但涉案店铺继续销售侵权商品,构成帮助侵权。法院认为,拉谷谷公司发起投诉的时间为 2019 年 7 月 16 日,该案公证取证的时间为 2020 年 5 月,两者间隔时间较长,且被投诉链接已删除,法院侵权商品链接与被投诉链接系不同商品链接。综合以上情形,淘宝公司不存在因投诉人的该次投诉明知或应知涉案侵权行为存在而未采取措施的情形,且涉案侵权信息不存在明显违法或侵权的情形。故淘宝公司不构成帮助侵权。拉谷谷公司针对淘宝公司的诉请,法院不予支持。

关于赔偿损失的金额,原告拉谷谷公司主张适用法定赔偿,法院将综合考虑涉案商标的知名度、被告侵权行为的性质、主观过错程度、拉谷谷公司为制止侵权所支出的合理费用等因素确定赔偿数额。同时,法院注意到以下事实:①涉案 T 恤链接显示售价 114 元,累计评论 1 条,交易成功 3 次;②店铺名称侵权,该网店信誉评价为双蓝冠,该店铺注册时间为 2012 年 3 月 29 日,槐某超使用侵权店铺名的时间为"2018 年 5 月 6 日起至 2020 年 1 月 3 日止、自 2020 年 1 月 11 日起至 2020 年 9 月 5 日止";③拉谷谷公司为维权进行公证取证及委托律师出庭。

综上,依据相关法律规定,判决如下:①被告槐某超于该判决生效之日起十日内赔偿原告拉谷谷公司经济损失(含合理费用)100000 元;②驳回原告拉谷谷公司其他的诉讼请求。

2. 新媒体平台投诉

1) 诉讼请求❶

福建七匹狼实业股份有限公司(以下简称"七匹狼公司")向北京市海淀区人民法院提起诉讼,主张海口龙华区晨益炫百货店(以下简称"晨益炫百货店")、北京微播视界科技有限公司(以下简称"微播公司")侵犯其注册商标专用权,诉讼请求为:二被告连带赔偿七匹狼公司经济损失 45000 元及合理开支 5000 元(包括公证费 2000 元、律师费 3000 元)。

2) 查明事实

(1) 关于涉案商标

1997 年 1 月 21 日,福建省晋江金井侨乡服装工艺厂经核准取得第 933429

---

❶ 北京市海淀区人民法院(2022)京 0108 民初 18095 号民事判决书。

号图文组合商标的注册商标专用权,核定使用商品为第 25 类,包括服装、领带、鞋、帽、袜和手套。2003 年 1 月 28 日,经核准,七匹狼公司受让取得该商标。该商标经核准续展注册有效期至 2027 年 1 月 20 日。

2004 年 8 月 7 日,七匹狼公司经核准取得第 3368418 号图文组合商标的注册商标专用权,核定使用商品为第 25 类,包括服装、鞋、帽、袜、手套、腰带、领带等,经核准续展注册有效期至 2024 年 8 月 6 日。

为证明涉案商标的知名度,七匹狼公司提交了对副本与原本一致性进行公证的(2005)泉证民字第 1625 号公证书,包括原国家工商行政管理总局商标局的通知,载明 2002 年 2 月"七匹狼"(休闲服)商标被认定为驰名商标。

(2)关于被诉行为

(2021)冀石太证经字第 3019 号公证书载明:2021 年 12 月 2 日,登录抖音 App 后,进入"抖音商城"并使用搜索栏搜索"【精品好物】七匹狼羽绒棉服男秋冬季连帽立领中青年棉外套 2021",点击进入商品页面,显示已售 384 件,商品图片显示狼形标识。支付 98 元,购买该商品一件。查看该店铺商家资质信息,公示了晨益炫百货店的营业执照。2021 年 12 月 8 日,公证处公证员、公证人员与申请人的委托代理人共同来到菜鸟驿站签收两个包裹,其中一个为涉案包裹。公证员、公证人员将上述包裹携带回公证处,进行拆封,并对包裹外观及其中物品进行查验拍照。被诉侵权商品系羽绒服一件,前胸处有狼形标识,无领标及水洗标签。被诉侵权商品纸质吊牌上有狼形标识及"SEPT-WOLVES"字样。上述标识与涉案商标的狼形图案在设计风格、整体视觉效果上相近似。公证员对上述包裹进行封存。打开抖音 App,进入"抖音商城",查看"我的订单"中被诉侵权商品的快递信息,显示快递单号与上述包裹单号一致。

另,七匹狼公司提交天猫商城七匹狼官方旗舰店页面截图,显示其所售服饰上有水洗标签,纸质吊牌上印有货号、成分等信息,黑色羽绒服销售价格为 435 元。据上述区别,七匹狼公司主张取证购买的羽绒服系侵犯其注册商标专用权的商品。

微播公司向法院提交了以下证据:①(2019)京国信内经证字第 07826 号公证书,其中"抖音"用户服务协议载明公司尊重并保护用户及他人的知识产权等合法权益,用户在使用抖音软件及相关服务时上传的文字、图片、视频、音频、链接等不侵犯任何第三方的知识产权等权利及合法权益，否则，公司有权在收到权利人或者相关方通知的情况下移除该涉嫌侵权内容。针对第三方提出的全部权利主张，用户应自行处理并承担可能因此产生的全部权利主张，用户应自行处理并承担可能因此产生的全部法律责任。微播公司据此证明抖音平台在用户协议中明确提示用户依法使用抖音账号，不得侵害第三方合法权益，尽到事前提示义务。②（2020）京国信内经证字第01340号公证书载明，在抖音App内搜索"中国之光"，点击"用户"下方的"中国之光"进入该账号页面，点击该页面内的"商品橱窗"进入相关页面，可查看全部商品。在该页面点击"腕力球"相关商品视频进入播放页面，点击该页面内的"视频同款腕力球"链接进入抖音登录页面。登录后页面显示商品视频、介绍及价格等。在该页面内点击"详情"后弹出"授权小店获取你的账号信息"及用户协议等内容的对话框，点击"我知道了"进入商品详情页面。在该页面内点击"服务"并点击进入"公示专区"，显示北京空间变换科技有限公司的营业执照。微播公司确认抖音用户销售商品须开设商品橱窗，用户第一次浏览、购买商品时会弹出上述对话框，实际购买过程在小店平台完成。③北京空间变换科技有限公司于2022年3月8日出具的说明函，后附晨益炫百货店营业执照及店铺截图。说明函载明经核实被诉侵权商品系其平台商家晨益炫百货店销售，目前已下架，北京空间变换科技有限公司在该商家入驻平台时已审核其经营资质。④IP360取证数据保全证书、取证视频及截屏，载明2022年3月8日，在抖音App内经搜索查看晨益炫百货店经营的店铺内已无与"七匹狼"有关的内容。

案件审理过程中，七匹狼公司确认被诉行为已经停止，并撤回要求二被告停止侵权的诉讼请求。

晨益炫百货店未向法院提交证据。

3）判决结果

该案中，被诉侵权商品及其纸质吊牌上突出使用狼形标识及"SEPT-WOLVES"字样，客观上起到了识别商品来源的作用，构成对商标的使用。被诉侵权商品为羽绒服，与涉案商标核定使用的商品服装构成同一种商品。根据相关公众的一般注意力为标准，被诉侵权商品上突出使用的狼形标识与涉案商标的狼形图案在设计风格、整体视觉效果上相近似；英文组合与涉案商标相同，仅字体存在细微差异，故该标识与涉案商标构成近似，容易导致相关公众混淆。根据在案证据及当事人陈述，被诉侵权商品在吊牌、水洗标、销售价格等方面与七匹狼公司销售的羽绒服存在较为明显的差异，故在没有相反证据的情况下，可以认定属于侵犯七匹狼公司涉案商标专用权的商品。晨益炫百货店销售侵犯注册商标专用权的商品，应承担相应的侵权责任。

七匹狼公司要求晨益炫百货店赔偿损失，于法有据，法院予以支持。关于具体赔偿数额，鉴于在案证据不足以证明七匹狼公司的实际损失或晨益炫百货店的侵权获利，法院综合考虑涉案商标知名度，被诉侵权商品的销售渠道、价格以及晨益炫百货店的主观过错程度等因素，依法予以酌定。关于维权开支，鉴于七匹狼公司未提交证据予以证明，故法院综合考虑该案取证情况，对其中合理部分酌情予以支持。

关于七匹狼公司对微播公司提出的主张。根据在案证据及当事人陈述，微播公司系信息网络服务提供者。现无证据证明在该案起诉前微播公司知道或应当知道平台中存在晨益炫百货店的侵权行为，且其在收到该案起诉后及时核实被诉行为已停止，尽到了合理的注意义务。七匹狼公司要求微播公司承担连带赔偿责任的诉讼请求，于法无据，法院不予支持。

晨益炫百货店经公告送达开庭传票，未到庭参加诉讼，不影响法院依据查明的事实依法作出缺席判决。

综上，依照相关法律规定判决如下：①该判决生效之日起十日内，被告海口龙华区晨益炫百货店赔偿原告福建七匹狼实业股份有限公司经济损失9000元及合理开支1000元；②驳回原告福建七匹狼实业股份有限公司的其他诉讼请求。

第六章

商标诉讼

一、商标行政诉讼

(一) 基本概念

在商标注册申请和审查过程中以及在商标注册完成后,国家知识产权局依职权或者依申请,就商标的法律状态作出具体行政行为,当事人不服国家知识产权局所作行政裁决的,可以向人民法院提起行政诉讼。

1. 类型

(1) 商标驳回复审行政诉讼。

(2) 不予注册商标异议行政诉讼。

(3) 商标权无效宣告请求行政诉讼。

(4) 商标撤销复审行政诉讼。

2. 管辖法院

一审法院为北京知识产权法院,二审法院为北京市高级人民法院。

3. 诉讼当事人

(1) 原告:商标行政机关具体行政行为的相对人,包括自然人、法人和其他非法人组织。原告可能是涉案商标的原权利人,也可能是涉案商标的受让人。

(2) 被告:国家知识产权局。

(3) 第三人:①在商标不予注册复审决定的行政诉讼中,第三人为原异议人;②在商标权无效宣告请求行政诉讼中,第三人为对方当事人;③在商标撤销复审行政诉讼中,第三人为对方当事人;④在商标驳回复审行政诉讼中,不存在第三人。

（二）流程及周期

1. 提起行政诉讼的期限

自诉讼当事人（不包括被告）收到被告裁决文书后 30 日内向北京知识产权法院提起一审行政诉讼。如不服一审判决的，各方当事人需在收到一审判决书后 15 日内，向北京市高级人民法院提起上诉。

人民法院应当在立案之日起 6 个月内作出第一审判决。有特殊情况需要延长的，由高级人民法院批准，高级人民法院审理第一审案件需要延长的，由最高人民法院批准。人民法院审理上诉案件，应当在收到上诉状之日起 3 个月内作出终审判决。有特殊情况需要延长的，由最高人民法院批准。

2. 起诉（或上诉）文件的准备

（1）起诉状（或上诉状）。

（2）原告（或上诉人）营业执照复印件，加盖公章。

（3）原告（或上诉人）组织机构代码证复印件，加盖公章。

（4）原告（或上诉人）法定代表人证明原件。

（5）授权委托书原件（若委托律师事务所提起诉讼的，还需提交律师事务所出具的出庭函）。

（6）国家知识产权局决定或裁定及信封原件，二审则需要提交一审判决书原件。

（三）判决结果

（1）判决维持。

（2）判决撤销或部分撤销。

（3）作出撤销或部分撤销的，还可以判决被告重新作出具体行政行为。

二审与一审的判决结果无本质的区别。

北京知识产权法院于 2023 年 6 月 25 日发布了《关于以电子形式在线提交诉讼材料的倡议书》，下面摘录部分相关内容。

广大当事人、代理人：

为切实减轻当事人诉累，通过推进智慧法院建设，为当事人提供更加优质、便捷的诉讼服务，提升审判质效，北京知识产权法院根据《最高人民法院关于进一步加快推进电子卷宗随案同步生成和深度应用工作的通知》，自今年5月1日起在我院全部类型案件中推行电子卷宗全流程随案同步生成及深度应用工作。为顺利推行该项工作，我院将率先在商标申请驳回复审、民事快审等案件中接收当事人提交的电子诉讼材料。特此倡议广大当事人优先选择通过网上诉讼平台，以电子形式提交各类诉讼材料。现就相关问题提示并倡议如下：

（1）广大当事人、诉讼代理人优先选择通过北京法院电子诉讼平台、人民法院在线服务平台（原名：移动微法院）、最高律师服务平台、京知在线（从北京审判信息网登录）四平台之一申请网上立案。在提交网上立案申请的同时，以电子形式通过诉讼平台提交证据材料（商标驳回复审行政案件电子诉讼材料提交指引将以附件形式发布，其他类型案件施行时间和具体要求后续将陆续发布）。

（2）若您的案件确需现场立案，倡议按照我院电子诉讼材料提交指引以光盘形式提交电子诉讼材料。若仅携带了纸质诉讼材料，请交由导诉人员协助您现场进行电子化，法院留存电子诉讼材料和必须留存的纸质原件。

（3）若您的案件确需邮寄立案，除需提交纸质材料原件外的其他诉讼材料，倡议您均按照我院电子诉讼材料提交指引以光盘形式提交，并确保电子诉讼材料与纸质材料一致。

（4）在案件审理过程中，需要补充提交诉讼材料的，倡议通过北京法院电子诉讼平台、北京云法庭、人民法院在线服务平台（原名：移动微法院）、最高律师服务平台在线渠道提交 PDF 格式的电子材料。若您的案件确需现场提交纸质诉讼材料，可交由我院立案大厅 9 号窗口扫描人员，协助您现场进行电子化。

（5）以光盘形式提交的非音视频电子证据，倡议提交 PDF 格式文件。具体要求为：仅限 3 份 PDF 文件，1 份文件为证据目录文件，与证据目录相对应的全部证据材料拆分为 2 份 PDF 文件。

（6）本倡议书发出之日至 2023 年 7 月 15 日，为机制的过渡引导期。其间，我院将以各种形式进行宣传、宣讲，当事人如遇到任何问题均可通过 12368 热线、《诉讼服务联系表单》等反馈问题和建议。过渡引导期后，请当事人依照我院电子诉讼材料提交指引的要求提交诉讼材料。

(四）案例

1. 案例一

1）案件事实[1]

原国家工商行政管理总局商标评审委员会（以下简称"商标评审委员会"）于2018年12月14日作出商评字［2018］第236749号关于第9501078号"好太太Haotaitai及图"商标无效宣告请求裁定书，即被诉裁定，认定：诉争商标的注册为凯达能公司在先商标权利的合理延伸，并没有复制、摹仿好太太公司"好太太"商标的主观故意，亦不易造成消费者的混淆误认，故诉争商标的注册未违反《商标法》第十三条第三款的规定。诉争商标与第4955973号"Good－wife"商标、引证商标三未构成使用在同一种或类似商品上的近似商标。好太太公司提交的证据不足以证明在诉争商标申请注册之前在与诉争商标核定使用商品相类似行业内，好太太公司在中国大陆地区使用与诉争商标相同或相近似商号并达到有一定影响的程度，故诉争商标的注册未违反《商标法》第三十二条的规定，裁定诉争商标予以维持。

2）再审争议焦点

①诉争商标与引证商标三是否构成《商标法》第三十条规定的近似商标；②诉争商标的申请注册是否存在《商标法》第十三条第三款规定的情形；③诉争商标的申请注册是否存在《商标法》第三十二条规定的侵害他人在先权利的情形。

3）判决结果

再审申请人好太太公司的部分诉讼主张具有事实及法律依据，其再审诉讼请求成立，法院予以支持。被诉裁定及一审判决部分事实认定不清、部分适用法律不当，应予纠正，国家知识产权局应重新作出裁定。依照《中华人民共和国行政诉讼法》第八十九条第一款第二项、《最高人民法院关于适用〈中华人民共和国行政诉讼法〉的解释》第一百一十九条第一款、第一百二十二条的规定，判决如下：①撤销北京市高级人民法院（2020）京行终3563号行政判决及北京知识产权法院（2019）京73行初1730号行政判决；②撤销商标评

---

[1] "好太太Haotaitai及图"商标无效宣告请求行政再审诉讼案。

审委员会商评字［2018］第236749号关于第9501078号"好太太Haotaitai及图"商标无效宣告请求裁定书；③国家知识产权局对第9501078号"好太太Haotaitai及图"商标重新作出裁定。

一审、二审案件受理费合计200元，由国家知识产权局及佛山市凯达能企业管理咨询有限公司各负担100元。

2. 案例二

1）案件事实❶

商标评审委员会认定：诉争商标"江记小白"与江津酒厂在先使用的商标"江小白"文字构成相近，给相关公众的整体印象相近，构成近似标志。诉争商标核定使用的商品与江津酒厂"江小白"使用的白酒商品属于类似商品，诉争商标的注册已构成2014年施行的《商标法》第十五条第一款所指情形。江津酒厂在主张《商标法》第三十条时未明确引证商标，且在诉争商标核定使用的商品相同或类似商品上，江津酒厂名下有效的注册商标与诉争商标未构成近似商标，诉争商标的注册未违反《商标法》第三十条规定。诉争商标的注册未违反《商标法》第三十二条之规定。诉争商标的注册不具有不良影响。商标评审委员会依照《商标法》第十五条第一款、第四十四条第三款、第四十五条第一款、第二款和第四十六条的规定，裁定诉争商标予以无效宣告。

2）二审判决结果

江小白公司不服一审判决，向法院提起上诉，请求撤销一审判决及被诉裁定，其主要上诉理由为：①该案与（2018）京行终2122号案件为关联案件，目前该案正处于最高人民法院再审程序中，恳请暂缓审理。②江津酒厂提交的证据不足以证明其已在先使用"江小白"商标，不足以证明"江小白"是其商标。③"江小白"商标是江小白公司创立的自有商标，不属于《商标法》第十五条所指的"被代理人或者被代表人的商标"。江津酒厂及国家知识产权局均服从一审判决。

经审理查明：一审法院查明的事实属实，且有诉争商标档案、被诉裁定、当事人提交的证据及当事人陈述等在案佐证，法院对此予以确认。

---

❶ 第12065938号"江记小白"商标无效宣告请求行政二审诉讼案。

另查，二审诉讼中，江小白公司提交了最高人民法院于2019年12月26日作出的（2019）最高法行再224号行政判决书，该判决书明确认定："在诉争商标（第10325554号'江小白'商标，于2011年12月19日申请，2013年2月21日核准）申请日前，'江小白'商标并非江津酒厂的商标，根据定制产品销售合同，江津酒厂对定制产品除其注册商标'几江'外的产品概念、广告用语等并不享有知识产权，新蓝图公司对诉争商标的申请注册并未侵害江津酒厂的合法权益，未违反2001年《商标法》第十五条规定"。同时该行政判决撤销北京市高级人民法院（2018）京行终2122号行政判决书。上述事实有该行政判决书在案佐证。

法院认为：《商标法》第十五条第一款规定，未经授权，代理人或者代表人以自己的名义将被代理人或者被代表人的商标进行注册，被代理人或者被代表人提出异议的，不予注册并禁止使用。该案中，第224号行政判决书已经认定，第10325554号"江小白"并非江津酒厂的商标，"江小白"商标不属于《商标法》第十五条所指的"被代理人或者被代表人的商标"。因此，基于第224号行政判决书的认定，该案诉争商标的注册亦未违反《商标法》第十五条第一款之规定。

综上，江小白公司上诉理由成立，其上诉请求应予以支持。一审判决适用法律有误，应予撤销，依照《行政诉讼法》第八十九条第一款第二项之规定，判决如下：①撤销北京知识产权法院（2019）京73行初2229号行政判决；②撤销商标评审委员会作出的商评字［2018］第253456号关于第12065938号"江记小白"商标无效宣告裁定书；③国家知识产权局重新就重庆市江津酒厂（集团）有限公司针对第12065938号"江记小白"商标提出的无效申请作出裁定。

一审、二审案件受理费各100元，均由国家知识产权局负担（于该判决生效之日起7日内交纳）。

二、商标民事诉讼

（一）基本概念

侵害商标权纠纷，是指当事人之间因侵犯商标专用权而发生的争议。简言之,就是根据《商标法》和最高人民法院多个关于审理商标的司法解释规定的各类侵犯商标专用权情形。

1. 类型

侵害商标权民事纠纷案件一般包括两大类:一类是商标标识侵权案件,即未经许可,在同一种或者类似商品或服务上使用与注册商标相同或者近似的商标等案件;另一类是注册商标之间、注册商标与字号、商品名称、商品包装、装潢、域名、App名称等其他商业标识之间的权利冲突案件。表现情形具体如下。

(1) 未经商标注册人的许可,在同一种商品上使用与注册商标相同的商标的。

(2) 未经商标注册人的许可,在同一种商品上使用与注册商标近似的商标,或者在类似商品上使用与注册商标相同或者近似的商标,容易导致混淆的。

(3) 销售侵犯注册商标专用权的商品的。

(4) 伪造、擅自制造他人注册商标标识或者销售伪造、擅自制造的注册商标标识的。

(5) 未经商标注册人同意,更换其注册商标并将该更换商标的商品又投入市场的。

(6) 故意为侵犯他人商标专用权行为提供便利条件,帮助他人实施侵犯商标专用权行为的。

(7) 给他人的注册商标专用权造成其他损害的,包括以下行为:①将与他人注册商标相同或者近似的文字作为企业的字号在相同或者类似商品上突出使用,容易使相关公众产生误认的;②复制、摹仿、翻译他人注册的驰名商标或其主要部分在不相同或者不相类似商品上作为商标使用,误导公众,致使该驰名商标注册人的利益可能受到损害的;③将与他人注册商标相同或者近似的文字注册为域名,并且通过该域名进行相关商品交易的电子商务,容易使相关公众产生误认的。

2. 管辖法院

管辖法院分为级别管辖和地域管辖两种。

1) 级别管辖

一审法院由最高人民法院确定的基层法院管辖,实践中按照案件标的额确定管辖法院。

涉及对驰名商标保护的民事案件,由省、自治区人民政府所在地市、计划单列市、直辖市辖区中级人民法院及最高人民法院指定的其他中级人民法院管辖。北京知识产权法院和上海知识产权法院管辖所在市辖区内涉及驰名商标认定的第一审民事案件;广州知识产权法院管辖广东省内的涉及驰名商标认定的第一审民事案件;海南自由贸易港知识产权法院管辖海南省内的涉及驰名商标认定的第一审民事案件。

2)地域管辖

(1)被告所在地法院。

(2)侵权行为实施地法院;包括:①侵权商品生产地;②侵权商品销售地;③侵权商品展览、展销地;④侵权商品广告发布地。

对涉及不同侵权行为实施地的多个被告提起共同诉讼的,原告可以选择其中一个被告的侵权行为实施地人民法院管辖;仅对其中某一个被告提起的诉讼,该被告的侵权行为实施地具有管辖权。

(3)侵权商品的储藏地。

(4)查封扣押地。

3. 诉讼当事人

原告主要是商标注册人或者利害关系人。

1)商标注册权人

(1)商标注册人,对于共有商标,其代表人和共有人应作为共同被告提起诉讼。

(2)商标受让人,在转让注册商标公告之日起,其可作为原告起诉。

(3)商标继承人。

2)利害关系人

(1)独占使用许可人。独占使用的被许可人可以单独对使用许可期限和地域内的商标侵权行为提起诉讼,无须征得商标注册人的同意。

(2)排他使用许可人。排他使用许可合同的被许可人可以和商标注册人共同起诉,也可以在商标注册人不起诉的情况下,自行提起诉讼。

(3)普通使用许可人。普通使用许可合同的被许可人经商标注册人书面明确授权,也可以就许可期限和地域内的商标侵权行为作为原告提起诉讼。

（二）侵权证据的收集、常用方式及保全措施

1. 侵权证据的收集

①侵权人身份证明文件，包括企业营业执照、工商登记档案、经营范围等材料，实践中，国家企业信用信息公示系统可作为侵权人身份证明文件；②侵权商品宣传材料，包括网站介绍、展览及广告宣传手册等；③侵权商品样品或照片；④侵权商品销售合同、销售发票；⑤工商或海关立案材料、财务查扣清单及行政处罚决定书等处罚材料；⑥其他证明商标使用侵权行为的证据。

2. 常用方式及保全措施

①侵权物品的侵权购买公证，对侵权人在销售场所、展会、网站上销售侵权商品，可以申请公证处到现场，公证购买侵权商品的购买过程，包括发票、侵权人信息、侵权商品及外包装物显示的信息；②侵权网站的公证。通过公证侵权人的网站、其他网络平台展示侵权商品和销售数量、营业额等信息等。

除上述诉前侵权证据的公证保全措施外，还可采取以下保全措施：①诉前侵权证据的法院保全；②诉中申请法院调取证据；③诉前财产保全，包括对注册商标进行财产保全；④申请法院诉前停止侵害注册商标权专用权行为，即通常所说的"诉前禁令"。

（三）支持损害赔偿请求的证据及考量因素

1. 证据

（1）原告损失的证据，即原告因侵权行为所受损失的证据，包括：①商品销售量减少的证据；②注册商标合法商品或服务单位利润的证据；③为制止侵权所产生的合理费用，包括律师费、公证费、差旅费和保全费等。

（2）被告获利证据，主要包括侵权人的账簿、财务审计报告、侵权人侵权期间销售额的证据、侵权人单位产品利润的证据。

（3）商标许可使用费的相关证据等。

2. 考量因素

①侵权行为的性质、期间、后果；②商标的声誉；③商标许可使用费的数额；④商标使用许可的种类、时间、范围；⑤制止侵权行为的合理开支等。

（四）侵权赔偿额的计算

计算侵害商标专用权的赔偿数额，主要通过以下途径。

（1）根据侵权人在侵权期间因侵权所获得的利益计算，具体而言：①可以根据侵权商品销售量与该商品单位利润乘积计算；②该商品单位利润无法查明的，按照注册商标商品的单位利润计算。

（2）根据被侵权人在被侵权期间因被侵权所受到的损失计算，包括被侵权人为制止侵权行为所支付的合理开支。具体而言：①可以根据权利人因侵权所造成商品销售减少量或者侵权商品销售量与该注册商标商品的单位利润乘积计算；②就被侵权人为制止侵权行为所支付的合理开支而言，包括权利人或者委托代理人对侵权行为进行调查、取证的合理费用。

（3）如果侵权人因侵权所得理由，或者被侵权人因被侵权所受损失难以确定的，由人民法院根据侵权行为的情节给与500万元以下的赔偿，当事人在该数额范围内达成协议的，应该准许。

（4）销售不知道是侵害注册商标专用权的商品，能证明该商品是自己合法取得并说明提供者的，只承担停止侵权的责任，不承担赔偿责任。

（五）被告抗辩理由

1. 程序性抗辩理由

①诉讼主体资格抗辩，是指被告就原告是否具备诉讼主体资格提出抗辩理由；②管辖抗辩，是指被告对案件受理的级别管辖、地域管辖提出抗辩理由；③诉讼时效抗辩，是指被告就该诉讼案件是否超过诉讼时效，提出抗辩理由。

2. 实体性抗辩理由

（1）合法来源抗辩：销售不知道是侵犯注册商标专用权的商品，能够证明该商品是自己合法取得并说明提供者的，不承担赔偿责任。

下列情形属于能证明商品是自己合法取得的情形：①有供货单位合法签章的供货清单和货款收据且经查证属实或者供货单位认可的；②有供销双方签订的进货合同且经查证已真实履行的；③有合法进货发票且发票记载事项与涉案商品对应的；④其他能够证明合法取得涉案商品的情形。

（2）三年不使用抗辩：注册商标专用权人请求赔偿，被控侵权人以注册商标专用权人未使用注册商标提出抗辩的，人民法院可以要求注册商标专用权人提供此前三年内实际使用该注册商标的证据。注册商标专用权人不能证明此前三年内实际使用过该注册商标，也不能证明因侵权行为受到其他损失的，被控侵权人不承担赔偿责任。

(3) 请求权不成立抗辩：①注册商标中含有的本商品的通用名称、图形、型号，或者直接表示商品的质量、主要原料、功能、用途、重量、数量及其他特点，或者含有的地名，注册商标专用权人无权禁止他人正当使用。②三维标志注册商标中含有的商品自身的性质产生的形状、为获得技术效果而需有的商品形状或者使商品具有实质性价值的形状，注册商标专用权人无权禁止他人正当使用。③商标注册人申请商标注册前，他人已经在同一种商品或者类似商品上先于商标注册人使用与注册商标相同或者近似并有一定影响的商标的，注册商标专用权人无权禁止该使用人在原使用范围内继续使用该商标，但可以要求其附加适当区别标识。④被告可就原告注册商标提出无效申请，尤其对原告的商标权提出无效抗辩的被告。如果无效申请成功，则侵权行为不成立。⑤被告可就其商标使用的合理性进行申辩。

（六）商标侵权的民事责任类型

商标侵权的民事责任类型包括：①停止侵害；②排除妨碍；③赔偿损失；④消除影响。其中，停止侵害和赔偿损失是被告承担商标侵权行为的主要责任类型。

（七）商标侵权民事诉讼适用的主要法律依据

(1)《商标法》。

(2)《最高人民法院关于审理商标民事纠纷适用法律若干问题的解释》。

(3)《最高人民法院关于审理商标案件有关管辖和法律适用范围问题的解释》。

(4)《最高人民法院关于商标法修改决定施行后商标案件有关管辖和法律适用问题的解释》。

(5)《最高人民法院关于诉前停止侵犯注册商标专用权的行为和保全证据适用法律若干问题的解释》。

(6)《最高人民法院关于审理注册商标、企业名称与在先权利冲突的民事纠纷案件若干问题的解释》。

(7)《最高人民法院关于人民法院对注册商标进行财产保全的解释》。

(8)《最高人民法院关于适用〈中华人民共和国反不正当竞争法〉若干问

题的解释》。

（9）《最高人民法院关于当前经济形势下知识产权审判服务大局若干问题的意见》。

（10）最高人民法院关于各级人民法院管辖的第一审知识产权民事案件调整过多次，动态性较强，在此不再一一列举。

（八）案例

1. 案件事实❶

京山市粮食行业协会于2008年7月28日注册取得第5251319号"京山桥米"证明商标，核定使用商品为第30类"米"，经续展有效期至2028年7月27日。2018年4月20日，京山市粮食行业协会与湖北国宝桥米有限公司签订"京山桥米"证明商标使用许可合同，并于2021年7月28日出具"京山桥米"维权授权书，授权湖北国宝桥米有限公司开展涉案商标知识产权维权事宜，有权在授权期限内以自己名义就侵害商标权及与之相关的不正当竞争行为提起民事诉讼。2021年8月6日，湖北国宝桥米有限公司通过公证取证方式固定被诉侵权行为，公证书显示，武汉什湖知音粮油食品有限公司在京东网开设的店铺上有"优道桥米"和"优选桥米"商品销售，证据保全所购商品包装袋正反面均印有"优道桥米"标识和"什湖"注册商标，包装袋上标注的产品名称为优道桥米，产地为湖北省武汉市，生产厂家为武汉什湖知音粮油食品有限公司。京山市粮食行业协会、湖北国宝桥米有限公司据此认为武汉什湖知音粮油食品有限公司侵犯了"京山桥米"地理标志证明商标专用权，向一审法院提起诉讼。

一审法院认为，"京山桥米"证明商标中的"京山"指县级行政区域京山市（县）；"桥"指京山市（县）辖区内的孙桥镇；"米"指大米。在实际使用中，相关消费者也经常用"桥米"指代"京山桥米"，"桥米"二字具有较高知名度。被诉"优道桥米""优选桥米"侵权标识，容易使相关消费者误认为该商品出产于京山桥米特定种植区域具有特定品质的大米，构成商标侵权。武汉什湖知音粮油食品有限公司不服提起上诉。二审法院认为，证明商标的注

---

❶ 武汉什湖知音粮油食品有限公司与京山市粮食行业协会、湖北国宝桥米有限公司侵害商标权纠纷二审诉讼案。

册人及取得授权的被许可人，基于各自享有的独立诉权，选择分别起诉抑或共同起诉均不违背法律强制性规定。商标法意义上的通用名称实质与该名称是否具有指代特定商业来源的识别功能紧密相关，涉案证明商标中的"桥米"名称可以指示地理来源，能够将产自该地理来源的地域性特色产品与其他产地产品相区分，满足地理标志的基本功能，不宜被认定为通用名称。被诉"优道桥米""优选桥米"标识完整包含了"桥米"二字，虽然相关公众不会对该大米的具体生产商或销售商产生混淆，但足以使相关公众误认该商品是"京山桥米"地理标志商品或源于"桥米"所标识的特定区域。

2. 一审裁判结果

（1）武汉什湖知音粮油食品有限公司于判决生效之日起立即停止对第5251319号"京山桥米"商标的侵害，即立即停止生产、销售标有"优道桥米""优选桥米"标识的侵权产品。

（2）武汉什湖知音粮油食品有限公司于判决生效之日起十日内赔偿京山粮食行业协会、湖北国宝桥米有限公司经济损失（含维权合理支出）17万元。

（3）驳回京山粮食行业协会、湖北国宝桥米有限公司其他诉讼请求。

3. 二审裁判结果

驳回上诉，维持原判。

三、商标刑事诉讼

（一）基本概念

商标犯罪，是指危害社会的，违反《中华人民共和国刑法》（以下简称《刑法》）并依法应当受到刑罚处罚的侵犯注册商标专用权的行为。商标刑事诉讼分为公诉和自诉两种类型。根据《刑法》第二百一十三条、第二百一十四条、第二百一十五条的规定，"侵犯知识产权罪"明确列举了三种商标犯罪罪名：①假冒注册商标罪；②销售假冒注册商标的商品罪；③非法制造、销售非法制造的注册商标标识罪。

（二）假冒注册商标罪

假冒注册商标罪是指违反商标管理法规，未经注册商标所有人许可，在同一种商品上使用与其注册商标相同的商标，情节严重的行为。

（1）行为人在使用他人注册商标时，未经注册商标所有人的许可。

（2）行为人实施了在同一种商品上使用与他人注册商标相同的商标的行为。这里必须同时具备"商标相同"和"商品相同"两个条件。其中"相同的商标"是指与被假冒的注册商标在视觉上基本无差别、足以对公众产生误导的商标。"使用"是指将注册商标或者假冒的注册商标用于商品、商品包装或者容器以及产品说明书、商品交易文书，或者将注册商标或者假冒的注册商标用于广告宣传、展览以及其他商业活动的行为。

（3）情节严重包括如下情形：①非法经营数额在5万元以上或者违法所得数额在3万元以上的；②假冒两种以上注册商标，非法经营数额在3万元以上或者违法所得数额在2万元以上的；③其他情节严重的情形。

刑罚：判处三年以下有期徒刑或者拘役，并处或者单处罚金。

（4）具有下列情形之一的，属于《刑法》第二百一十三条规定的"情节特别严重"的情形：①非法经营数额在25万元以上或者违法所得数额在15万元以上的；②假冒两种以上注册商标，非法经营数额在15万元以上或者违法所得数额在10万元以上的；③其他情节特别严重的情形。

刑罚：判处三年以上七年以下有期徒刑，并处罚金。

（三）销售假冒注册商标的商品罪

销售假冒注册商标的商品罪是指违反商标管理法规，销售明知是假冒注册商标的商品，销售金额数额较大的行为。

销售明知是假冒注册商标的商品。这里的"销售"是指以采购、推销、出售或兜售等方法将商品出卖给他人的行为。这里假冒注册商标的商品必须是未经注册商标所有人的许可，在同一种商品上使用与其注册商标相同的商标的商品。

销售金额较大。这里的"销售金额"是指销售假冒注册商标的商品后所得和应得的全部违法收入。销售金额在5万元以上的，属于"数额较大"，销售金额在25万元以上的，属于"数额巨大"。

具有下列情形之一的，应当认定为属于《刑法》第二百一十四条规定的"明知"：①知道自己销售的商品上的注册商标被涂改、调换或者覆盖的；②因销售假冒注册商标的商品受到过行政处罚或者承担过民事责任又销售同一种假冒注册商标的商品的；③伪造、涂改商标注册人授权文件或者知道该文件被伪造、涂改的；④其他知道或者应当知道是假冒注册商标的商品的情形。

刑罚：属于《刑法》第二百一十四条规定的"数额较大"，判处三年以下有期徒刑或者拘役，并处或者单处罚金。

销售金额在25万元以上的，属于《刑法》第二百一十四条规定的"数额巨大"，判处三年以上七年以下有期徒刑，并处罚金。

（四）非法制造、销售非法制造的注册商标标识罪

违反商标管理法规，伪造、擅自制止他人注册商标标识或者销售为主、擅自制造的商标标识，情节严重的行为。

1. 所谓"伪造"

"伪造"主要包括如下情形：①无权制作他人注册商标，即未经县级以上市场监督管理机关（原工商行政管理机关）批准而获得指定印制商标单位的资格的单位或个人，未经注册商标所有人的合法许可、委托或授权，私自仿照他人注册商标标识的式样、文字、图形及组合、形态、色彩、质地、特征及制作技术等制作与他人注册商标标识相同的商标标识；②非商标使用权人，委托他人包括有权印制商标的单位或个人为自己非法制造他人注册商标标识的行为。

2. 所谓擅自制造

擅自制造包括下列情形：①依法经过批准有权印制商标的单位及个人，未经商标所有权人委托，制造与其注册商标标识相同的商标标识；②虽受注册商标所有人的委托授权，但违反委托合同的规定，任意超量印制商标标识的行为；③伪造、擅自制造他人商标标识，包括印刷、印染、制版、刻字、晒蚀、印铁、铸模、冲压、烫版、贴花等各种工艺活动。

3. 所谓销售

销售是指出售、兜售或者转手倒卖伪造的或者擅自制造他人商标标识的行为，其中包括擅自出售带有他人注册商标的废次标识之行为。

对于销售行为，只有销售属于伪造或擅自制造的注册商标标识的，才可能构成该罪。如果销售的不是伪造或擅自制造的，如销售自己的商标标识或者他人真实的注册商标标识，就不构成本罪。

4. 所谓"标识"

这里的"标识"是指附有商标图样、商标注册标记、"注册商标"字样注册商标标志、核准注册的名称的物质载体,如商标纸、商标片、商标织带等。

5. 情节严重包括如下情形

(1) 伪造、擅自制造或者销售伪造、擅自制造的注册商标标识数量在2万件以上,或者非法经营数额在5万元以上,或者违法所得数额在3万元以上的。

(2) 伪造、擅自制造或者销售伪造、擅自制造两种以上注册商标标识数量在1万件以上,或者非法经营数额在3万元以上,或者违法所得数额在2万元以上的;

(3) 其他情节严重的情形。

具有下列情形之一的,属于《刑法》第二百一十五条规定的"情节特别严重":①伪造、擅自制造或者销售伪造、擅自制造的注册商标标识数量在10万件以上,或者非法经营数额在25万元以上,或者违法所得数额在15万元以上的;②伪造、擅自制造或者销售伪造、擅自制造两种以上注册商标标识数量在5万件以上,或者非法经营数额在15万元以上,或者违法所得数额在10万元以上的;③其他情节特别严重的情形。

6. 刑罚

①"情节严重的",应当判处三年以下有期徒刑、拘役或者管制,并处或者单处罚金;②"情节特别严重的",判处三年以上七年以下有期徒刑,并处罚金。

7. 对单位犯罪的处罚

单位犯以上三种罪的,对单位判处罚金,并对其直接负责的主管人员和其他直接责任人员,依照相应规定处罚。另外,《最高人民法院 最高人民检察院关于办理侵犯知识产权刑事案件具体应用法律若干问题的解释(二)》统一了侵犯知识产权单位犯罪与个人犯罪的定罪量刑标准。对于单位实施侵犯知识产权犯罪,按照该司法解释规定的个人犯罪的定罪量刑标准处罚。

8. 商标犯罪的控告途径

(1) 向公安机关报案。公安机关立案侦查后提请人民检察院提起公诉,进而交付人民法院审判。即通过刑事公诉的形式进行商标权的保护。

（2）直接以自诉的形式向人民法院提起刑事诉讼，从而获得商标权的刑事保护。但是，实践中商标类刑事诉讼还是以公诉为主，刑事自诉的案例较少。

（3）控告的同时可以提起民事侵权赔偿诉讼。控告犯罪的同时可提起民事侵权赔偿诉讼。不管犯罪嫌疑人最终以何种罪名被控告，商标权利人可另行提起商标侵权民事诉讼请求犯罪嫌疑人承担赔偿责任。

9. 商标刑事诉讼适用的主要法律依据

（1）《刑法》。

（2）《最高人民法院 最高人民检察院关于办理侵犯知识产权刑事案件具体应用法律若干问题的解释》。

（3）《最高人民法院 最高人民检察院关于办理侵犯知识产权刑事案件具体应用法律若干问题的解释（二）》。

（五）案例

1. 案件事实❶

上海市浦东新区人民检察院以沪浦检刑诉［2012］874号起诉书指控被告人何某、魏某、陈某、谢某犯假冒注册商标罪，于2012年3月9日向该院提起公诉。该院依法组成合议庭，公开开庭审理了该案。上海市浦东新区人民检察院指派代理检察员周某怡出庭支持公诉，被害单位委托代理人杨某全、被告人何某及辩护人邱某明、被告人魏某、陈某、谢某到庭参加诉讼。期间，经公诉机关建议，该案延期审理一次。现已审理终结。

经审理查明，涉案商标经我国工商行政管理总局商标局核准注册，核定使用的商品为第33类：葡萄酒、烈性酒、威士忌酒、鸡尾酒、酒精饮料等商品，且均在商标注册有效期内。

2010年4月起，被告人何某先后租借××市××区××镇××村××队××宅××号、××公路××弄××号车库作为制造加工点，从他人处购进勾兑假洋酒的原料、工具、包装材料等，先后雇佣被告人魏某、陈某、谢某帮助灌装、运输及销售制作完成的假洋酒。被告人何某还负责印制名片、向他人分发名片、接洽业务等。2011年10月25日，上海市公安局浦东分局会同浦东新

---

❶ 何某、魏某、陈某、谢某假冒注册商标罪案。

区酒类专卖局在上述假酒制造加工点查获各类品牌的洋酒 223 瓶,同时查获各类空酒瓶、商标标识、瓶盖及封口机、压盖机等制酒工具,并当场抓获 4 名被告人。经鉴别,上述被查获的酒中 222 瓶为假冒注册商标的酒。因无标价也无法查清其实际销售价格,经依法鉴定,价值人民币 43201 元。上述被扣押的酒中,1 瓶涉案酒未作鉴定。经浦东新区酒类专卖管理局委托,上海市酒类产品质量监督检验站对上述被查扣酒进行抽样检验,于 2011 年 11 月 18 日出具检验报告,检验结论为:送检的样品按照 GB/T 11857 - 2008、GB/T 5009.48 - 2003 及明示为依据和综合判定规则,所检项目甲醇合格,酒精度不合格,该样品判定为不合格。

2. 判决结果

法院认为,涉案注册商标依法经我国商标局核准注册,且在有效期内,受法律保护。被告人何某、魏某、陈某、谢某为牟取非法利益,未经注册商标所有权人许可,在同一种商品上使用与他人注册商标相同的商标,情节严重,其行为均已构成假冒注册商标罪。公诉机关指控的罪名成立,应予支持。被告人何某、魏某、陈某、谢某系共同犯罪,其中被告人何某在共同犯罪中起主要作用,系主犯。被告人魏某、陈某、谢某在共同犯罪中起次要作用,系从犯,根据各自的犯罪情节依法从轻处罚。4 名被告人到案后如实供述自己的罪行,自愿认罪,均依法从轻处罚。

被害单位的委托代理人提出:①在被告人制作假酒的现场扣押的工具和原料等,依法应计算在量刑情节中的意见。经查,案发时,扣押到的各类空酒瓶、商标标识、瓶盖及封口机、压盖机等制酒工具并非属于已经制作完成尚未附着或者尚未全部附着假冒注册商标标识的产品,其价值不应计入非法经营数额。②被告人向某某娱乐有限公司提供了价值 4 万余元的 216 瓶假酒,建议作为犯罪情节予以考虑。因起诉书并未指控该案被告人实施了该节犯罪,该事实并非该案的审理范围,故法院不予采纳。③涉案商标的商品为洋酒,属于食品类,此类犯罪应该从重处罚。因涉案假酒,系食品范畴,可能对不特定的消费者造成人身损害,在量刑时酌情予以考虑。

被告人何某的辩护人提出,何某的犯罪情节较轻,主观恶性较小,其交易对象明知系假酒,对社会受众的影响较小。违法商品已全部追缴,减少了社会危害性和被害单位的损失。因被告人何某在主观上明知系假冒他人品牌酒的情况下，仍积极实施了从购进制酒原料、雇佣同案被告人进行生产、运输，到印制发放名片、联系买家、支配货款等行为，货值金额达4万余元，其行为侵犯了注册商标权利人的商标权，并损害了消费者的利益，具有较大的主观恶意及社会危害性，其辩护人提出的相关意见，法院不予采纳。其辩护人建议对何某适用缓刑或者拘役刑的意见，根据被告人何某的犯罪情节及在共同犯罪中的地位、作用，法院不予采纳。其辩护人提出何某认罪悔罪，建议对何某从轻处罚的意见，法院予以采纳。

据此，为严肃国家法制，规范市场经济秩序，保护知识产权权利不受侵犯，根据各被告人的犯罪情节、在共同犯罪中的地位、作用、社会危害性、认罪悔罪态度等，依照《刑法》第二百一十三条、第二十五条第一款、第二十六条第一款、第二十七条、第六十七条第三款、第七十二条、第七十三条、第五十三条、第六十四条及《最高人民法院、最高人民检察院关于办理侵犯知识产权刑事案件具体应用法律若干问题的解释》第一条第一款第（二）项、第八条、第十二条第一款、《最高人民法院、最高人民检察院关于办理侵犯知识产权刑事案件具体应用法律若干问题的解释（二）》第四条之规定，判决如下：

（1）被告人何某犯假冒注册商标罪，判处有期徒刑一年六个月，罚金人民币23000元。刑期从判决执行之日起计算；判决执行以前先行羁押的，羁押一日折抵刑期一日，即自2011年10月25日起至2013年4月24日止。罚金于判决生效后一个月内缴纳。

（2）被告人魏某犯假冒注册商标罪，判处有期徒刑一年，缓刑一年，罚金人民币10000元。缓刑考验期限，从判决确定之日起计算。罚金于判决生效后一个月内缴纳。

（3）被告人陈某犯假冒注册商标罪，判处有期徒刑六个月，缓刑一年，罚金人民币5000元。缓刑考验期限，从判决确定之日起计算。罚金于判决生效后一个月内缴纳。

（4）被告人谢某犯假冒注册商标罪，判处有期徒刑六个月，缓刑一年，罚金人民币5000元。缓刑考验期限，从判决确定之日起计算。罚金于判决生效后一个月内缴纳。

（5）查获的假冒注册商标的酒、酒瓶、商标标识、瓶盖及制酒工具予以没收。

附录 1

商标注册申请常见问题指南[1]

一、有关商标注册申请的办理途径、申请书件、规费等

1. 办理商标申请的途径介绍

国内的申请人申请商标注册或者办理其他商标事宜，有两种途径：一是自行办理；二是委托在国家知识产权局商标局备案的商标代理机构办理。自行办理的，可以通过网上服务系统在线提交商标注册申请，提交方法详见"中国商标网 > 网上申请"栏目，商标网上服务系统网址：http://sbj.cnipa.gov.cn/wssq/。也可以到国家知识产权局商标局注册大厅、商标局驻中关村国家自主创新示范区办事处、商标局在京外设立的商标审查协作中心，或者商标局委托地方市场监管部门或知识产权部门设立的商标业务受理窗口办理。

外国人或者外国企业在中国申请商标注册和办理其他商标事宜的，应当委托依法设立的商标代理机构办理，但在中国有经常居所或者营业所的外国人或外国企业除外。

2. 自行办理与委托商标代理机构办理有什么区别，哪种方式更快些

两种途径在商标注册申请审查方面并无差别。其主要区别是发生联系的方式、提交的书件、文件递交和送达方式稍有差别。

在发生联系的方式方面，自行办理的，在办理过程中申请人与国家知识产权局商标局直接发生联系；委托商标代理机构办理的，在办理过程中申请人通过商标代理机构与商标局发生联系，而不直接与商标局发生联系。

在提交的书件方面，自行办理的，申请人应按规定提交相关书件；委托商标代理机构办理的，申请人还应提交委托商标代理机构办理商标注册事宜的授权委托书。

在文件递交方式方面，申请人自行办理的，由申请人或经办人直接将申请文件递交到国家知识产权局商标局商标注册大厅（也可到商标局驻中关村国家自主创新示范区办事

---

[1] 摘引自国家知识产权局商标局商标注册申请常见问题指南 [EB/OL]. https://sbj.cnipa.gov.cn/sbj/sbsq/202201/t20220128_21774.html.

处，商标局在京外设立的商标审查协作中心，或者商标局委托地方市场监管部门或知识产权部门设立的商标业务受理窗口办理），申请人也可以通过网上申请系统提交；代理机构可以将申请文件直接递交、邮寄递交或通过快递企业递交国家知识产权局，也可以通过网上申请系统提交。

在文件送达方式方面，申请人自行办理的，商标局的各种文件送达当事人；委托商标代理机构办理的，文件送达商标代理机构。

3. 在商标注册大厅直接办理的流程是怎样的，申请后什么时候拿到商标注册申请受理通知书

商标注册大厅工作人员会先对申请文件进行审查。申请手续不齐备、未按照规定填写申请文件的，当场退回申请文件；基本符合规定的，接收申请文件。之后商标局会对申请文件进行进一步审查。

经进一步审查合格的，商标局发放缴费通知书，申请人缴费后予以受理，发放商标注册申请受理通知书。经进一步审查基本符合规定，但是需要补正的，商标局通知申请人予以补正。申请人应自收到通知之日起30日内，按照指定内容补正并交回商标局。在规定期限内补正并交回的，保留申请日期；期满未补正的或者不按照要求进行补正的，商标局不予受理。

商标注册申请补正通知书、商标注册申请不予受理通知书、商标注册申请缴费通知书、商标注册申请受理通知书均以邮寄方式送达申请人。申请人填写联系地址的，文件送达至联系地址；未填写联系地址的，文件送达至申请人地址栏填写的地址。

4. 在商标业务受理窗口直接办理的流程是怎样的，申请后什么时候拿到商标注册申请受理通知书

申请人在商标业务受理窗口采用在线申请方式提交商标注册申请。商标业务受理窗口工作人员会先对申请文件进行审查。基本符合规定的，通过网上服务系统接收申请文件。之后商标局会对申请文件进行进一步审查。

经进一步审查合格的，商标局发放缴费通知书，申请人缴费后予以受理。经进一步审查基本符合规定，但是需要补正的，商标局通知申请人予以补正。申请人应自收到通知之日起30日内，按照指定内容通过网上服务系统在线进行补正。在规定期限内补正并交回的，保留申请日期；期满未补正的或者不按照要求进行补正的，商标局不予受理。

商标注册申请补正通知书、商标注册申请不予受理通知书、商标注册申请缴费通知书、商标注册申请受理通知书以电子方式送达申请人，申请人可通过申请时填写的电子邮箱查看。

5. 委托商标代理机构办理的流程是怎样的，申请后什么时候拿到商标注册申请受理通知书

商标局在收到商标代理机构递交的申请文件后，会对申请文件进行审查。商标注册申请手续齐备、按照规定填写申请文件并缴纳费用的，商标局予以受理；申请手续不齐备、未按照规定填写申请文件或者未缴纳费用的，商标局不予受理。申请手续基本齐备或者申请文件基本符合规定，但是需要补正的，商标局通知申请人予以补正，限其自收到通知之日起 30 日内，按照指定内容补正并交回国家知识产权局。在规定期限内补正并交回的，保留申请日期；期满未补正的或者不按照要求进行补正的，商标局不予受理。

商标注册申请补正通知书、商标注册申请不予受理通知书、商标注册申请缴费通知书、商标注册申请受理通知书将送达商标代理机构。

6. 国内自然人自行办理商标注册申请要求及必备书件

国内自然人直接办理商标注册申请时应当提交以下文件：按照规定填写打印的商标注册申请书并由申请人签字，附商标图样、个体工商户营业执照复印件、身份证明文件复印件。商标注册申请书和商标图样的具体要求，请看"中国商标网＞商标申请＞申请指南"栏目。

农村承包经营户可以以其承包合同签约人的名义提出商标注册申请，商品和服务范围以其自营的农副产品为限。申请时应提交承包合同复印件。

符合上述条件的国内自然人，在办理商标网上申请系统用户注册后，可以自行通过商标网上申请系统提交申请。具体流程请查看"中国商标网＞网上申请"栏目。

同一申请人同时办理多件商标的注册申请事宜时，只需要提供一份身份证复印件、个体工商户营业执照复印件或承包合同复印件。

7. 国内法人或者其他组织自行办理商标注册申请必备书件

国内法人或者其他组织直接办理商标注册申请时应当提交以下文件：按照规定填写打印的商标注册申请书并加盖申请人公章，附商标图样、身份证明文件复印件。提交申请的具体要求，请查看"中国商标网＞商标申请＞申请指南"栏目。

国内法人或者其他组织在办理商标网上申请系统用户注册后，可以自行通过商标网上申请系统提交申请。具体流程请查看"中国商标网＞网上申请"栏目。

同一申请人同时办理多件商标的注册申请事宜时，只需要提供一份身份证明文件（如营业执照副本）复印件。

8. 国内法人或者其他组织申请商标注册的身份证明文件都有哪些

申请人为国内法人或其他组织的，应当使用标注统一社会信用代码的身份证明文件。企业一般应提交营业执照，非企业可以提交事业单位法人证书、社会团体法人登记证书、

民办非企业单位登记证书、基金会法人登记证书、律师事务所执业许可证等身份证明文件。

注意，期刊证、办学许可证、卫生许可证等不能作为申请人身份证明文件。

9. 我们是一家公司在北京的代表处，可以申请商标注册吗

代表处、办事处不能以自己的名义申请商标注册。

10. 外国人自行办理商标注册申请要求及必备书件

外国人办理商标申请事宜应委托依法设立的商标代理机构办理。在中国有经常居所的外国人，可以自行办理。直接到商标注册大厅办理的，应提交以下文件：按照规定填写打印的商标注册申请书并由申请人签字，附商标图样、申请人的身份证明文件复印件、公安部门颁发的外国人永久居留证或有效期一年以上外国人居留许可的复印件。商标注册申请书和商标图样的具体要求，请查看"中国商标网＞商标申请＞申请指南"栏目。

在中国有经常居所的外国人，还可以通过商标网上申请系统提交申请。具体流程请查看"中国商标网＞网上申请"栏目。

11. 我们是一家外国公司，可以自行办理商标注册申请吗

在中国没有营业所的外国企业在中国申请商标注册和办理其他商标事宜的，应当委托依法设立的商标代理机构办理。注意：外国企业在中国依法设立的独资分公司为中国企业，并非其在中国的营业所。

12. 我们是一家香港（澳门/台湾）公司，可以自行办理商标注册申请吗

在内地没有营业所的我国香港特别行政区、澳门特别行政区的企业，以及在大陆没有营业所的台湾省的企业办理商标申请事宜，应当委托依法设立的商标代理机构办理。在内地设有营业所的香港特别行政区、澳门特别行政区的企业，以及在大陆设有营业所的台湾省的企业可以自行办理商标申请事宜。

13. 香港特别行政区、澳门特别行政区和台湾省居民直接办理商标注册申请要求及必备书件

香港特别行政区、澳门特别行政区和台湾省居民办理商标申请事宜应委托依法设立的商标代理机构办理。持有在有效期（一年以上）内的港澳居民来往内地通行证、台湾居民来往大陆通行证或港澳台居民居住证的港澳台居民，可以自行办理。直接到商标局商标注册大厅办理的，应提交以下文件：按照规定填写打印的商标注册申请书并由申请人签字，附商标图样、申请人的通行证或居住证复印件。商标注册申请书和商标图样的具体要求，请查看"中国商标网＞商标申请＞申请指南"栏目。

符合自行办理条件的香港特别行政区、澳门特别行政区和台湾省居民，还可以通过商标网上申请系统提交申请。具体流程请查看"中国商标网＞网上申请"栏目。

14. 什么是集体商标，需要提交哪些文件

集体商标是指以团体、协会或者其他组织名义注册，供该组织成员在商事活动中使用，以表明使用者在该组织中的成员资格的标志。

直接办理集体商标注册申请时，除提交按照规定填写打印的商标注册申请书并加盖申请人公章，附商标图样、身份证明文件复印件（经申请人盖章确认）外，还应当提交集体商标使用管理规则、集体成员名单等。提交申请的具体要求，请查看"中国商标网＞商标申请＞申请指南"栏目。

15. 什么是证明商标，需要提交哪些文件

证明商标是指由对某种商品或者服务具有监督能力的组织所控制，而由该组织以外的单位或者个人使用于其商品或者服务，用以证明该商品或者服务的原产地、原料、制造方法、质量或者其他特定品质的标志。

直接办理证明商标注册申请时，除提交按照规定填写打印的商标注册申请书并加盖申请人公章，附商标图样、身份证明文件复印件（经申请人盖章确认）外，还应当提交证明商标使用管理规则，并应当详细说明其所具有的或者其委托的机构具有的专业技术人员、专业检测设备等情况，以表明其具有监督该证明商标所证明的特定商品品质的能力。提交申请的具体要求，请查看"中国商标网＞商标申请＞申请指南"栏目。

16. 什么是地理标志，需要提交哪些文件

地理标志是指标示某商品来源于某地区，该商品的特定质量、信誉或者其他特征，主要由该地区的自然因素或者人文因素所决定的标志。

地理标志可以作为证明商标或者集体商标申请注册。提交申请的具体要求，请查看"中国商标网＞商标申请＞申请指南"栏目。

17. 可以申请注册"＊＊＊"商标吗

任何能够将自然人、法人或者其他组织的商品与他人的商品区别开的标志，包括文字、图形、字母、数字、三维标志、颜色组合和声音等，以及上述要素的组合，均可以作为商标申请注册。申请人应根据自己的实际情况确定需要注册的商标。提交申请的具体要求，请查看"中国商标网＞商标申请＞申请指南"栏目。

申请注册的商标，应当有显著特征，便于识别，并不得与他人在先取得的合法权利相冲突。申请注册的商标，凡不符合《商标法》有关规定或者同他人在同一种商品或者类似商品上已经注册的或者初步审定的商标相同或者近似的，由商标局驳回申请，不予公告。申请人在中国商标网上查阅《商标法》《商标法实施条例》和《商标审查审理指南》等相关规定。

18. 申请商标注册什么时候缴纳费用，领取注册证时还需要再缴纳其他费用吗

自2019年12月30日起提交的申请，商标申请当事人及代理机构应在收到缴费通知书后的规定时间内，向商标局缴纳费用。领取注册证时不需要再缴纳其他费用。商标注册费的缴纳数额及缴纳方式，请查看"中国商标网＞商标申请＞申请指南"栏目。

二、有关商标注册申请书的填写

1. "申请人名称"该如何填写

申请人应当填写身份证明文件上的名称。申请人名称与"申请人章戳（签字）"处所盖章戳（签字）以及所附身份证明文件中的名称应当一致。

申请人是自然人的，还应当在姓名后注明身份证明文件号码。

外国申请人应当同时在英文栏内填写英文名称。

共同申请的，应将指定的代表人填写在"申请人名称"栏，其他共同申请人名称应当填写在"商标注册申请书附页——其他共同申请人名称列表"栏。没有指定代表人的，以申请书中顺序排列的第一人为代表人。

2. "统一社会信用代码"该如何填写

申请人应当填写其身份证明文件上标注的统一社会信用代码，外国申请人不填写此栏。

3. "申请人国籍/地区"该如何填写

申请人应当如实填写，国内申请人不填写此栏。

4. "申请人地址"该如何填写

申请人应当按照身份证明文件中的地址填写。身份证明文件中的地址未冠有省、市、县等行政区划的，申请人应当增加相应行政区划名称。

符合自行办理商标申请事宜条件的外国申请人地址应当冠以省、市、县等行政区划详细填写。

不符合自行办理商标申请事宜条件的外国申请人应当同时详细填写中英文地址。

5. "国内申请人联系地址"该如何填写

国内申请人填写此栏，用于接收该商标后继商标业务的法律文件；同时，也用于自行办理的国内申请人接收本申请的各种文件。国内申请人未填写联系地址的，文件送达至申请人地址栏填写的地址。国家知识产权局文件无法送达的，通过公告方式送达。

6. "国内接收人""国内接收人地址"是指什么，该如何填写

"外国申请人的国内接收人""国内接收人地址""邮政编码"栏供外国申请人填写。

外国申请人应当在申请书中指定国内接收人负责接收国家知识产权局后继商标业务的法律文件。国内接收人地址应当冠以省、市、县等行政区划详细填写。

国内申请人不填写此栏。

7. "国内接收人地址"是通信地址吗，我们公司能填写吗

"国内接收人地址"是指外国申请人指定的国内接收人的地址，并非申请人的通信地址。国内申请人不填写此栏，可填写"国内申请人联系地址"栏。

8. "商标申请声明"是指什么，该如何填写

申请注册集体商标、证明商标的，以三维标志、颜色组合、声音标志申请商标注册的，两个以上申请人共同申请注册同一商标的，应当在本栏声明。申请人应当按照申请内容进行选择，并附送相关文件。

9. 申请时如何区分颜色组合商标和商标指定颜色

颜色组合商标是指由两种或两种以上颜色构成的商标。以颜色组合申请商标注册的，应当在申请书中予以声明，即在"商标申请声明"栏内勾选"以颜色组合申请商标注册"，并且在商标图样框内粘贴着色图样。商标指定颜色的，是指商标图样为着色的文字、图形或其组合，申请时不要勾选"以颜色组合申请商标注册"，在商标图样框内粘贴着色图样即可。

以颜色组合申请商标注册的，除应在申请书中予以声明外，还应注意以下几点。

（1）颜色组合商标的构成要素是两种或两种以上的颜色。以颜色组合申请商标注册的，商标图样应当是表示颜色组合方式的色块，或是表示颜色使用位置的图形轮廓。该图形轮廓不是商标构成要素，必须以虚线表示，不得以实线表示。

（2）以颜色组合申请商标注册的，应当提交文字说明，注明色标，并说明商标使用方式。文字说明、色标、商标使用方式应填写在"商标说明"栏。

10. 什么是"基于第一次申请的优先权"，该如何填写

《商标法》第二十五条规定，商标注册申请人自其商标在外国第一次提出商标注册申请之日起六个月内，又在中国就相同商品以同一商标提出商标注册申请的，依照该外国同中国签订的协议或者共同参加的国际条约，或者按照相互承认优先权的原则，可以享有优先权。

申请人依据《商标法》第二十五条要求优先权的，选择"基于第一次申请的优先权"，并填写"申请/展出国家/地区""申请/展出日期""申请号"栏。申请人应当同时提交优先权证明文件（包括原件和中文译文）；优先权证明文件不能同时提交的，应当选择"优先权证明文件后补"，并自申请日起三个月内提交。未提出书面声明或者逾期未提交优先权证明文件的，视为未要求优先权。

优先权证明文件是指申请人提交的第一次提出商标注册申请文件的副本，该副本应当经受理该申请的商标主管机关证明，并注明申请日期和申请号。

11. 在国外的第一次申请是按一标多类申请的，在中国可以按一标一类申请并要求优先权吗，需要提交几份优先权证明文件

申请人依据《商标法》第二十五条规定要求优先权时，若申请人的多份商标注册申请均是基于同一份第一次申请要求优先权的，可以在其中一份申请书中提交一份优先权证明文件原件，并在其他申请书中注明优先权证明文件原件所在的具体申请件。如果优先权证明文件是在自申请日起三个月内补充提交的，应附送说明，载明所有基于该份优先权证明文件要求优先权的商标注册申请号。

12. 在国外的第一次申请是按一标一类申请（同一天就同一商标在不同类别提交多份申请）的，在中国可以按一标多类申请并要求优先权吗，如何填写

申请人依据《商标法》第二十五条规定要求优先权时，可以基于其在同一国家、同一申请日、同一商标的多份第一次申请一并要求优先权，在"申请号"栏逐一填写第一次申请的申请号，并应附送全部申请号的优先权证明文件。

13. 商标在展览会展出的商品上使用过，可以要求优先权吗，该如何填写

《商标法》第二十六条规定，商标在中国政府主办的或者承认的国际展览会展出的商品上首次使用的，自该商品展出之日起六个月内，该商标的注册申请人可以享有优先权。

申请人依据《商标法》第二十六条要求优先权的，选择"基于展会的优先权"，并填写"申请/展出国家/地区""申请/展出日期"栏。申请人应当同时提交优先权证明文件（包括原件和中文译文）；优先权证明文件不能同时提交的，应当选择"优先权证明文件后补"，并自申请日起三个月内提交。未提出书面声明或者逾期未提交优先权证明文件的，视为未要求优先权。

优先权证明文件应载有展出其商品的展览会名称、在展出商品上使用该商标的证据、展出日期等。优先权证明文件一般由展会主办出具或证明。

14. "商标说明"如何填写

申请人应当根据实际情况填写。以三维标志、声音标志申请商标注册的，应当说明商标使用方式。以颜色组合申请商标注册的，应当提交文字说明，注明色标，并说明商标使用方式。商标为外文或者包含外文的，应当说明含义。

申请人认为需要说明的其他事项，也可以在此栏予以说明。

15. 什么是尼斯分类，什么是《类似商品和服务区分表》

《商标注册用商品和服务国际分类》（尼斯分类）是根据1957年6月15日由尼斯外交会议达成的一项协定（尼斯协定）制定的。尼斯协定的每个成员国有义务在商标注册中使用尼斯分类,并须在与商标注册有关的官方文件和出版物中标明注册商标所及的商品或服务所在的国际分类的类别号。我国于 1994 年加入尼斯协定。

《类似商品和服务区分表》是商标主管部门为了商标检索、审查、管理工作的需要,总结多年来的实践工作经验,并广泛征求各部门的意见,把某些存在特定联系、容易造成误认的商品或服务组合到一起,编制而成。《类似商品和服务区分表》可以作为商标审查人员、商标代理人和商标注册申请人判断类似商品或者服务的参考,也可以作为行政机关和司法机关在处理商标案件时判断类似商品或者服务的参考。

16. 如何填写"类别""商品/服务项目"

商标注册申请人可以通过一份申请就多个类别的商品申请注册同一商标。申请人应按《类似商品和服务项目区分表》填写类别、商品/服务项目名称。商品/服务项目应按类别对应填写,每个类别的项目前应分别标明顺序号。类别和商品/服务项目填写不下的,可按本申请书的格式填写在附页上。全部类别和项目填写完毕后应当注明"截止"字样。

商标注册申请书中的"商品/服务"一栏应当填写具体的商品/服务名称(如《类似商品和服务区分表》中编码为 6 位数字的项目名称),不能填写类别标题和类似群名称(编码为 4 位数字的)。

17. 要申报"＊＊＊"商品,该申报在哪类(如何确定申报类别)

《类似商品和服务区分表》沿用了《商标注册用商品和服务国际分类》(尼斯分类)的体系,区分表中每一类别的标题原则上指出了归入该类的商品或服务的范围,各类的"注释"为确定商品和服务项目的类别提供了思路。申请人可以依据各类的类别标题和注释确定申报类别。

经审查,申请人申报类别不正确或项目名称不规范的,商标局将发放补正通知书要求申请人进行补正。

18. 关于商品的分类原则都有哪些

《商标注册用商品和服务国际分类》中给出了商品和服务大致的分类原则。申请人可以查阅。一般来说,类别标题中所列的商品或服务名称原则上构成这些商品或服务大致所属范围的一般性名称。所以要确定每一种商品或服务的分类,就得查看按字母顺序排列的分类表。如果某一商品按照分类表(类别顺序分类表、注释和字母顺序分类表)无法加以分类,下列说明指出了各项可行的标准。

(1)制成品原则上按其功能或用途进行分类。如果各类类别标题均未涉及某一制成品的功能或用途,该制成品就比照字母顺序分类表中其他的类似制成品分类。如果没有类似的,可以根据辅助标准进行分类,如按制成品的原材料或其操作方式进行分类。

(2)多功能的组合制成品(如钟和收音机的组合产品)可以分在与其各组成部分的功

能或用途相应的所有类别里。如果各类类别标题均未涉及这些功能或用途，则可以采用第（1）条中所示的标准。

（3）原料、未加工品或半成品原则上按其组成的原材料进行分类。

（4）商品是构成其他产品的一部分，且该商品在正常情况下不能用于其他用途，则该商品原则上与其所构成的产品分在同一类。其他所有情况均按第（1）条中所示的标准进行分类。

（5）成品或非成品按其组成的原材料分类时，如果是由几种不同原材料制成，原则上按其主要原材料进行分类。

（6）用于盛放商品的专用容器，原则上与该商品分在同一类。

商品和服务项目申报指南请查看"中国商标网＞商标申请＞商品和服务分类"栏目。

19. 关于服务的分类原则都有哪些

《商标注册用商品和服务国际分类》中给出了商品和服务大致的分类原则。申请人可以查阅。一般来说，类别标题中所列的商品或服务名称原则上构成这些商品或服务大致所属范围的一般性名称。所以要确定每一种商品或服务的分类，就得查看按字母顺序排列的分类表。如果某一服务按照分类表（类别表、注释和字母表）无法加以分类，下列说明指出了各项可行的标准。

（1）服务原则上按照服务类类别标题及其注释所列出的行业进行分类，若未列出，则可以比照字母顺序分类表中其他的类似服务分类。

（2）出租服务，原则上与通过出租物所实现的服务分在同一类别（如出租电话机，分在第三十八类）。租赁服务与出租服务相似，应采用相同的分类原则。但融资租赁是金融服务，分在第三十六类。

（3）提供建议、信息或咨询的服务原则上与提供服务所涉及的事物归于同一类别，例如运输咨询（第三十九类）、商业管理咨询（第三十五类）、金融咨询（第三十六类）、美容咨询（第四十四类）。以电子方式（例如电话、计算机）提供建议、信息或咨询不影响这种服务的分类。

（4）特许经营的服务原则上与特许人所提供的服务分在同一类别（例如，特许经营的商业建议（第三十五类），特许经营的金融服务（第三十六类），特许经营的法律服务（第四十五类））。

商品和服务项目申报指南请查看"中国商标网＞商标申请＞商品和服务分类"栏目。

20. 分类表中的项目之间有什么关系吗，比如第二十类项目中，既有"家具"又有"金属家具"，我该如何选择

在尼斯分类中，虽然同一类别的各项目之间在概念上可能存在包含或者交叉的关系，

但尼斯分类并不对项目概念进行界定。各类别项目表中所列的商品服务名称是为了表明不同商品服务的所属类别，以方便申请人在申报商标注册时进行分类参考。以第二十类的项目"家具""金属家具"为例，由于在尼斯分类中有些商品是按照材质分类的，例如金属建筑材料属于第六类、非金属建筑材料属于第十九类，但家具并不是按照材质分类的，各种材质的家具均属于第二十类。为了明确表明金属制的家具也属于第二十类，因此第二十类项目中，除了"家具"，还有"金属家具"。

《类似商品和服务区分表》沿用了尼斯分类的体系。申请人可根据实际情况选择申报的项目名称。

21. 要申报的商品项目区分表上没有，怎么办（如何确定商品名称）

《类似商品和服务区分表》沿用了《商标注册用商品和服务国际分类》的体系，区分表中每一类别的标题原则上指出了归入该类的商品或服务的范围，各类的"注释"为确定商品和服务项目的类别提供了思路。对于没有列在分类表中的商品或者服务项目，申请人可以参照《类似商品和服务区分表》中每一类别的标题和"注释"，先确定申报类别；按照分类原则、使用具体、准确、规范的名称进行填写，要避免使用含混不清、过于宽泛且不足以划分其类别或类似群的商品或服务项目名称。一方面要注意商品或者服务项目名称本身要表述清晰、准确，符合一般公众的语言习惯和文字使用规则；另一方面要注意足以与其他类别的商品或服务项目相区分，不应产生混淆和误认。

例一：电脑行业中常用"笔记本"指代"笔记本电脑"，但这是一种不规范的简称，正常情况下"笔记本"是指纸质文具，属于第十六类，在第九类申报应当申报"笔记本电脑"或"笔记本式计算机"。

例二："电机"。电机是指产生和应用电能的机器，包括发电机和电动机。按照目前的分类原则，"发电机"属于第七类；而"电动机"分为"陆地车辆用电动机"和"非陆地车辆用电动机"，前者属于第十二类、后者属于第七类。因此"电机""电动机"均属不规范的商品名称。

例三："熟制品"。大多数的熟制品均属于第二十九类，但分别属于不同的类似群，如熟制猪肉属于2901类似群、熟制鱼属于2902类似群、熟制水果属于2904类似群、熟制蔬菜属于2905类似群等等。因此"熟制品"属不规范的商品名称。

申请人在申报时应使用具体、准确、规范的商品名称。商标局会对申请人申报的商品名称进行审查，不规范的，发放补正通知书，要求申请人进行补正。

商品和服务项目申报指南请查看"中国商标网＞商标申请＞商品和服务分类"栏目。

22. 对商标图样的要求

在申请书的指定位置打印或粘贴商标图样1张。商标图样应当清晰，长和宽应当不大于 10 厘米，不小于 5 厘米。

以颜色组合或者着色图样申请商标注册的，应当提交着色图样，并提交黑白稿 1 份；不指定颜色的，应当提交黑白图样。对于颜色组合商标和指定颜色的商标所需提供的黑白稿，应另行制版，制作一张清晰的黑白图样，不能简单地复印原图样。黑白稿在注册申请时可不提交，如审查后续需要时，国家知识产权局将通知申请人另行补充提交。

以颜色组合或者着色图样申请商标注册的，应当提交着色图样，并提交黑白稿 1 份（在注册申请时可不提交，如审查后续需要时，商标局将通知申请人另行补充提交）；不指定颜色的，应当提交黑白图样。

以三维标志申请商标注册的，提交能够确定三维形状的图样，提交的商标图样应当至少包含三面视图。

以声音标志申请商标注册的，应当以五线谱或者简谱对申请用作商标的声音加以描述并附加文字说明；无法以五线谱或者简谱描述的，应当以文字加以描述；商标描述与声音样本应当一致。

23. 申请三维标志商标需要注意哪些地方

三维标志商标，通常也称为立体商标。以三维标志申请商标注册的，应当在申请书中"商标申请声明"栏选择"以三维标志申请商标注册"，在"商标说明"栏内说明商标使用方式，在申请书商标图样框内打印或粘贴商标图样 1 份。

以三维标志申请商标注册的，该商标图样应能够确定三维形状并应当至少包含三面视图（正视图、侧视图、仰视图、俯视图等）。报送的多面视图应属于同一个三维标志，包含多面视图的图样整体应当不大于 10 厘米 × 10 厘米，不小于 5 厘米 × 5 厘米。

三维标志包含文字的，文字部分应为标识在三维形状视图中的正确位置，不可独立于视图之外。

24. 申请颜色组合商标需要注意哪些地方

颜色组合商标是指由两种或两种以上颜色构成的商标，其构成要素为颜色。以颜色组合申请商标注册的，应当在申请书中"商标申请声明"栏选择"以颜色组合申请商标注册"；在"商标说明"栏内列明颜色名称和色号，并说明商标使用方式；在申请书商标图样框内打印或粘贴着色图样 1 份。

以颜色组合申请商标注册的，该商标图样应当是表示颜色组合方式的色块，或是表示颜色使用位置的图形轮廓。该图形轮廓不是商标构成要素，必须以虚线表示，不得以实线表示。

25. 申请指定颜色商标需要声明吗，怎样填写

以着色图样申请商标注册的，无需声明。只在申请书商标图样框内打印或粘贴着色图

样1份即可。

26. 申请声音商标需要注意哪些地方

以声音标志申请商标注册的，应当在申请书中"商标申请声明"栏选择"以声音标志申请商标注册"，并在"商标说明"栏内说明商标使用方式。

此外，应在申请书商标图样框内打印或粘贴商标图样1份，该商标图样应对申请注册的声音商标进行描述。具体为：以五线谱或者简谱对申请用作商标的声音加以描述并附加文字说明；无法以五线谱或者简谱描述的，应当以文字加以描述。注意：整个商标描述（包括五线谱或者简谱，以及文字说明）应制作在1份商标图样中。描述应当准确、完整、客观并易于理解。商标描述与声音样本应当一致，例如声音样本中有歌词的，商标描述中也应说明歌词。此外，五线谱或简谱上不要含有乐曲名称。

以声音标志申请商标注册的，还应附送声音样本。声音样本的音频文件应当储存在只读光盘中，且该光盘内应当只有一个音频文件。声音样本的音频文件应小于5MB，格式为wav或mp3。注意：商标描述与声音样本应当一致。

27. 什么是商标使用方式，哪些情况下要填写

简单地来说，商标使用方式就是申请人使用该商标的方式，比如申请人是以何种方式或者在何种情形下如何在申请的商品或服务项目上使用该商标。例如申请人生产的糖果的形状都是某一种特殊的三维标志形状，那么申请人在第三十类商品"糖果"上以三维标志申请商标注册时，商标使用方式就可以填写"该三维标志是使用在糖果的形状上"。

以三维标志、颜色组合、声音标志申请商标注册的，应在"商标说明"栏内说明商标使用方式。

三、有关商标注册申请补正

1. 收到了补正通知书，该怎么补正，还需要再缴纳费用吗

补正通知书中已列出要求补正的事项，补正通知书背面有详细的"关于商品/服务项目补正的说明"，申请人应当按照补正要求和说明进行填写，并交回国家知识产权局。回复补正不需要缴纳费用。

2. 商标图样报错了，补正时可以重新提交图样吗

商标注册申请提交后，商标图样不可以修改。如果因为商标图样不清晰、国家知识产权局要求申请人进行补正的，申请人可以重新提交清晰的商标图样，但不可以改变商标图样。

3. 补正要求报送图中文字书写方法出处的复印件，该如何补正

要求报送图样中文字写法出处复印件的，应当报送该文字在各类字典、字帖等正规出版物的所在页的复印件，复印件上文字的写法应与商标图样中文字的写法一致。

如果该文字是申请人自行设计、无出处的，应当注明。

4. 分类补正说商品名称不规范，该怎么补正

商品名称力求具体、准确、规范，以便明确指定该商标的保护范围。申请人应尽量使用《商标注册用商品和服务分类表》中现有的商品或服务项目名称。如不使用现有名称，应按照分类原则、使用具体、准确、规范的名称进行填写，要避免使用含混不清、过于宽泛且不足以划分其类别或类似群的商品或服务项目名称。

一方面要注意商品或者服务项目名称本身要表述清晰、准确，符合一般公众的语言习惯和文字使用规则。例如不应使用"不属于别类的""属于本类的""上述商品的"等词语，也应避免使用"……，即……"的表达方式。不应泛泛申报"×××的附件""×××的配件"，而应申报具体的商品名称。

另一方面要注意足以与其他类别的商品或服务项目相区分，不应产生混淆和误认。例如"假日野营服务"跨类，其中"假日野营娱乐服务"属于第四十一类，"假日野营住宿服务"属于第四十三类。

5. 申请时，我已经报送了商品说明书，为何还下发补正

商品说明书有助于商标局判断商品的类别和类似群，但并不是说只要报送了商品说明书，该商品名称就可以被接受。如"家用电器"，虽然是人们日常生活中约定俗成的商品称谓，但它包括的范围过大，涉及商品分类表中多个类别的商品，在申请商标注册时是不允许使用的。此外，对于一些多功能产品，可以归入其功能所属的相应类别，至于申报在哪个类别是由申请人根据自己的实际情况来确定的，申请人可以申报在一个或多个类别中。申请商标注册时，商品名称应具体、准确、规范，符合分类原则；要避免使用含糊不清、不具体、外延过泛且不足以划分其类别或类似群的商品或服务名称。

6. 分类补正说商品名称不规范，可行业中就是这样叫的，我该怎么补正

商品名称力求具体、准确、规范，以便明确指定该商标的保护范围。如电脑行业中常用"笔记本"指代"笔记本电脑"，但这是一种不规范的简称，正常情况下"笔记本"是指纸质文具，属于第十六类，在第九类申报应当申报"笔记本电脑"或"笔记本式计算机"。再如"电机"，是指产生和应用电能的机器，包括发电机和电动机。按照目前的分类原则，"发电机"属于第七类；而"电动机"分为"陆地车辆用电动机"和"陆地车辆用电动机"，前者属于第十二类、后者属于第七类。因此，申请人在申报时应使用具体、准确、规范的商品名称。

7. 分类补正说商品名称不规范，我是按以前已核准的名称填写的，为何还补正

商品分类标准不是一成不变的，尼斯分类专家委员会定期对尼斯分类进行修订。申请人应当按照申请时的尼斯分类版本进行申报。

8. 今年实行了新版分类表，我是去年申请的，分类补正时可以申报新版分类中的项目吗

在新版分类表实行以前申请商标注册的，所申报的商品和服务项目的分类原则和标准适用旧版分类表。

例如，《类似商品和服务区分表》（2015文本）中，"昆虫针"属于第十六类。尼斯分类第十版（2016文本）第二十六类新增商品"昆虫针"。相应地，《类似商品和服务区分表》（2016文本）第二十六类新增"昆虫针"，第十六类删除"昆虫针"。申请人在2015年递交了商标注册申请，在2016年收到补正通知书，若申请人想申报商品"昆虫针"，应仍按2015文本在第十六类申报，不能按2016文本在第二十六类申报。

9. 在一份申请书上同时申报了3个类别，现在仅有一个类别的项目需要补正。如果补正不合格，对另外两个类别有影响吗

商标局通知申请人予以补正，但申请人期满未补正的或者不按照要求进行补正的，商标局不予受理。商标局是针对该件商标注册申请做出不予受理决定的，因此该件商标注册申请的另外2个类别也不能保留申请日期。

10. 在注册大厅退信窗口领取的补正通知书，补正起始时间该如何计算

根据《商标法实施条例》的规定，国家知识产权局向当事人送达各种文件的日期，邮寄的，以当事人收到的邮戳日为准；邮戳日不清晰或者没有邮戳的，自文件发出之日起满15日视为送达当事人，但是当事人能够证明实际收到日的除外；直接递交的，以递交日为准；以数据电文方式送达的，自文件发出之日起满15日视为送达当事人，但是当事人能够证明文件进入其电子系统日期的除外。文件通过上述方式无法送达的，可以通过公告方式送达，自公告发布之日起满30日，该文件视为送达当事人。

申请人在注册大厅退信窗口领取补正通知书时，若国家知识产权局尚未刊登送达公告，或虽已刊登送达公告但自公告发布之日未起满30日的，申请人领取退信时视为送达当事人；若国家知识产权局已经刊登送达公告且自公告发布之日已起满30日，则自公告发布之日起满30日，该文件视为已经送达。

四、其他

1. 有时拿到商标注册申请受理通知书的周期较长，为什么

商标局在收到商标注册申请文件后，首先对申请手续和申请文件进行审查；基本符合规定的，纸质申请件需要电子化（扫描、录入）；然后审查申报的商品服务项目是否规范、

是否符合申报的类别;确定商标线索要素(图形和文字)。经审查合格,且申请人缴纳商标规费的,发放受理通知书。经审查需要补正的,商标局将通知申请人予以补正。申请人在规定期限内按要求补正合格后,发放受理通知书。目前商标局正大力推进商标注册便利化改革,受理通知书的发放时间已缩短到1个月。如果存在需要补正的情形,受理通知书的发放时间将会相应延长,希望广大商标申请人予以理解。

2. 收到商标注册申请不予受理通知书,可我已经交费了,怎么办

缴纳规费是商标受理流程的最后一个环节。因申请手续不齐备、未按照规定填写申请文件而不予受理的,尚未收取受理商标注册费。如果申请人委托代理机构代为办理并将费用交给代理机构的,请与代理机构联系。通过网上申请系统已经在线支付规费的,款项将退至原支付卡或账户。

3. 已经递交了注册申请,但在中国商标网上查询不到,为什么

这可能存在多种情形。例如申请人申报的商品或服务项目不规范、需要进行补正的;或是申请人委托代理机构代理,但商标局并未收到代理机构提交的申请文件。

如果申请人需要查询商标局是否收到该申请文件,建议申请人来函查询,来函中应当写明申请人名称、代理机构名称、申报类别、商标、递交日期、挂号信或特快专递的编号等详细信息。

4. 拿到受理通知书后是否就可以使用商标了

受理通知书仅表明商标注册申请已被商标局受理,并不表明所申请商标已获准注册。商标在提出申请之后但尚未核准注册前仍为未注册商标,仍须按未注册商标使用。如果使用该商标侵犯他人商标专用权,不影响有关工商行政管理机关对该行为的查处。

5. 受理通知书丢失,能否重新补发

受理通知书仅表明商标注册申请已被商标局受理,并不表明所申请商标已获准注册,没有补发流程。如果申请人确有特殊情况的,应来函说明原因,商标局将根据实际情况确定是否予以补发。

6. 不予受理的情形有哪些

一般来说,商标注册申请不予受理的主要情形包括(但不限于)以下几种。

(1) 申请文件缺少申请书、商标图样、申请人身份证明文件复印件的。

(2) 申请书以纸质方式提出的,未打字或印刷的。

(3) 未按要求使用正确申请书式的;擅自修改申请书格式的。

(4) 申请书上未填写商品/服务项目名称的。

(5) 申请书未使用中文的;提交的各种证件、证明文件和证据材料是外文的,未附送中文翻译文件并加盖申请人、代理机构或翻译公司公章的。

（6）未填写申请书中申请人名称或申请人地址的。

（7）申请书上申请人名称、所盖章戳或签字、所附身份证明文件复印件不一致的。

（8）未在申请书中图样框内打印或粘贴商标图样的，或者打印或粘贴的商标图样超过规定大小范围的。

（9）声明两个以上申请人共同申请注册同一商标，未同时提交填写有共同申请人名称并由其盖章或签字的附页的。

（10）申请人为国内自然人的，未提交符合商标法第四条规定的申请文件的。

（11）未向商标局缴纳规费的。

（12）商标局通知申请人予以补正，但申请人期满未补正的或者不按照要求进行补正的。

7. 想查询一个商标能否注册，该怎么查询——事先查询

中国商标网提供免费商标查询信息。可以登录中国商标网单击"商标查询"栏进行商标近似查询。查询方式有六种：汉字、拼音、英文、数字、字头、图形。《商标审查审理指南》也已经在中国商标网上公布。

8. 想查询一个商标的注册情况，该怎么查询——事后查询

中国商标网提供免费商标查询信息。可以登录中国商标网单击"商标查询"栏目通过申请/注册号进行商标状态查询。也可以通过申报的类别、申请/注册号、申请人名称等进行商标综合查询。

9. 什么是出具优先权证明文件申请，办理流程和时间是怎样的

申请人在国内提出商标注册申请后6个月内，到《保护工业产权巴黎公约》其他成员国申请注册同一商标要求优先权的，应向商标局申请出具优先权证明文件。申请人应当提交出具优先权证明文件申请书、申请人身份证明文件复印件、直接办理有经办人的应当提交经办人身份证件复印件、委托商标代理机构办理的应当提交商标代理委托书。手续齐备、按照规定填写申请文件并缴纳费用的，且申请符合规定的，商标局发给申请人优先权证明文件。

申请人申请出具优先权证明文件时，若该商标注册申请尚未受理的，商标局将在该商标注册申请予以受理后，出具优先权证明文件。若该商标注册申请经审查不予受理的，商标局不出具优先权证明文件。

10. 中国商标网上显示的商标信息不正确，怎么办

登录中国商标网，单击"商标查询"栏，进入"错误信息反馈"界面。申请人可以在此向商标局反馈有关错误信息。

11. 分类调整后需要重新注册吗

注册商标的专用权,以核准注册的商标和核定使用的商品(服务)为限。申请人应当根据商标注册证上载明的商品(服务)项目与需要获得商标专用权保护的商品(服务)是否一致,来判断是否需要重新注册。注册商标需要在核定使用范围之外的商品上取得商标专用权的,应当另行提出注册申请。

12. 已取得注册证,现在生产的商品与注册证上的有些不同,会受保护吗

注册商标的专用权,以核准注册的商标和核定使用的商品为限。注册商标需要在核定使用范围之外的商品上取得商标专用权的,应当另行提出注册申请。

13. 现在使用的商标与注册证不完全一样,需要重新注册吗

注册商标的专用权,以核准注册的商标和核定使用的商品为限。注册商标需要改变其标志的,应当重新提出注册申请。

14. 递交了网上申请后,还需交纸质件吗

提交商标注册网上申请,申请人无须提交纸质文件,但申请人要求优先权且声明优先权文件后补的,应按要求向商标局提交纸质的优先权证明文件。商标局正在大力推进网上申请系统建设,请申请人仔细阅读商标网上申请指南,并按照相关要求办理。

15. 商标代理机构报送商标申请件的要求

参见"中国商标网>商标代理>业务指南>报送商标申请件的注意事项"栏目。

附录 2

商标申请相关文件模板

商标代理委托书

（示范文本）

委托人_____是_____自然人/法人/其他组织，现委托_____代理_____商标的如下"√"事宜。

- □商标注册申请
- □商标异议申请
- □商标异议答辩
- □更正商标申请/注册事项申请
- □变更商标申请人/注册人名义/地址
  变更集体商标/证明商标管理规则/集体成员名单申请
- □变更商标代理人/文件接收人申请
- □删减商品/服务项目申请
- □商标续展注册申请
- □转让/移转申请/注册商标申请
- □商标使用许可备案
- □变更许可人/被许可人名称备案
- □商标使用许可提前终止备案
- □商标专用权质权登记申请
- □商标专用权质权登记事项变更申请

- □商标专用权质权登记期限延期申请
- □商标专用权质权登记证补发申请
- □商标专用权质权登记注销申请
- □商标注销申请
- □撤销连续三年不使用注册商标申请
- □撤销成为商品/服务通用名称注册商标申请
- □撤销连续三年不使用注册商标提供证据
- □撤销成为商品/服务通用名称注册商标答辩
- □补发变更/转让/续展证明申请
- □补发商标注册证申请
- □出具商标注册证明申请
- □出具优先权证明文件申请
- □撤回商标注册申请

□撤回商标异议申请	□撤回商标使用许可备案
□撤回变更商标申请人/注册人名义/地址 变更集体商标/证明商标管理规则/集体成员名单申请	□撤回商标注销申请
	□撤回撤销连续三年不使用注册商标申请
□撤回变更商标代理人/文件接收人申请	□撤回撤销成为商品/服务通用名称注册商标申请
□撤回删减商品/服务项目申请	
□撤回商标续展注册申请	□其他
□撤回转让/移转申请/注册商标申请	

委托人地址＿＿＿＿＿＿＿＿＿＿　　　　委托人章戳（签字）
联 系 人＿＿＿＿＿＿＿＿＿＿
电　　话＿＿＿＿＿＿＿＿＿＿
邮 政 编 码＿＿＿＿＿＿＿＿＿＿　　　　　　年　　月　　日

商标注册申请书

申请人名称（中文）：

（英文）：

统一社会信用代码：

申请人国籍/地区：

申请人地址（中文）：

（英文）：

邮政编码：

国内申请人联系地址：

邮政编码：

国内申请人电子邮箱：

联系人：　　　　　　　　　　　　　电话：

代理机构名称：

外国申请人的国内接收人：

国内接收人地址：

邮政编码：

商标申请声明：　□集体商标　　　□证明商标

　　　　　　　　□三维标志　　　□颜色组合　　　□声音标志

　　　　　　　　□两个以上申请人共同申请注册同一商标

要求优先权声明：　□基于第一次　　□基于展会的　　□优先权证明
　　　　　　　　　申请的优先权　　优先权　　　　　文件后补

申请/展出国家/地区：

申请/展出日期：

申请号：

◎ 企业商标工作实务要点：原理与案例

【承诺】申请人和代理人、代理机构知晓恶意商标注册申请、提交虚假材料或隐瞒重要事实申请行政确认等行为属于失信行为；承诺遵循诚实信用原则，以使用为目的办理商标申请事宜，所申报的事项和所提供的材料真实、准确、完整；知晓承诺不实或未履行承诺，将承担信用管理失信惩戒等不利后果。

申请人章戳（签字）：　　　　　　代理机构章戳：
　　　　　　　　　　　　　　　　代理人签字：

下框为商标图样粘贴处。图样应当不大于 $10cm \times 10cm$，不小于 $5cm \times 5cm$。以颜色组合或者着色图样申请商标注册的，应当提交着色图样并提交黑白稿 1 份；不指定颜色的，应当提交黑白图样。以三维标志申请商标注册的，应当提交能够确定三维形状的图样，提交的商标图样应当至少包含三面视图。以声音标志申请商标注册的，应当以五线谱或者简谱对申请用作商标的声音加以描述并附加文字说明；无法以五线谱或者简谱描述的，应当使用文字进行描述；商标描述与声音样本应当一致。

商标说明：
　类别：
商品/服务项目：
　类别：
商品/服务项目：

马德里商标国际注册申请书

申请人或代理人文件编号：

附页页数

_____

一、申请人信息

1. 申请人中文全称及外文译名：

（如无外文译名的，可用拼音代替；中文名称应与国内注册证或受理通知书完全一致）

2. 申请人地址：（地址应与国内注册证或受理通知书一致，相关文件中的地址未冠有省、市、县等行政区划的，申请人应当增加相应行政区划名称）

_____省（自治区、直辖市）_____市_____区（县）_____

邮政编码：_____

3. 电话（含地区号）： 　　　　传真（含地区号）：

电子邮件地址：

4. 申请人通信地址：

5. 收文语言选择： 　　　　英语 　　　　法语

_____

二、申请人资格

申请人在中国设有真实有效的工商营业场所

或者申请人在中国设有住所（或总部）

或者申请人具有中国国籍

三、代理人信息

1. 代理人中文全称及外文译名（如无外文译名的，可用拼音代替）：

2. 代理人地址（省份、城市、街道、门牌号码、邮政编码）：

3. 电话（含地区号）：　　传真（含地区号）：
电子邮件：

四、基础申请或基础注册
申请号：　　　　　　　　申请日期：
注册号：　　　　　　　　注册日期：

五、优先权（国家、初次申请的日期和号码）
在先申请所在主管局：
申请号：　　　　　　　　申请日期：

六、商标

（另附同样规格的商标图样两张）

七、其他事项
要求保护颜色的，请作文字说明：
立体商标
声音商标
集体或证明商标
商标音译（拼音）：
商标意译（英语或法语）：
商标无含义

八、商品或/和服务及其类别（**不得超过国内申请和注册范围，可附另页**）

1. 商品或/和服务及其类别：

类别	商品和/或服务
……	……
……	……
……	……
……	……
……	……
……	……
……	……

注册商标无效宣告申请书

（首页）

争议商标：

类别：

注册号/国际注册号：

★引证商标：

★类别：

★申请号/注册号/国际注册号：

申请人名称：

统一社会信用代码：

联系地址：

　　　　　　　　　　□同意此地址延及于本案后续程序

邮政编码：

联系人：

联系电话（含地区号）：

电子邮箱：

商标代理机构名称：

联系人：

联系电话（含地区号）：

被申请人名称：

地址：

是否需要提交补充证据材料：　　是□；否□

是否仅涉及绝对理由：　　是□；否□

【承诺】申请人和代理人、代理机构知晓在办理商标评审事宜时，提交虚假材料或隐瞒重要事实等行为属于失信行为；承诺遵循诚实信用原则，所申报的事项和所提供的材料真实、准确、完整；知晓承诺不实或未履行承诺，将承担信用管理失信惩戒等不利后果。

申请人章戳（签字）　　　　　　　商标代理机构章戳
　　　　　　　　　　　　　　　　代理人签字：

　　年　月　日　　　　　　　　　　　年　月　日

注册商标无效宣告申请书
（正文样式）

申请人名称：

联系地址：

法定代表人或负责人姓名：

职务：

商标代理机构名称：

地址：

被申请人名称：

地址：

评审请求与法律依据：

事实与理由：

附件：

申请人章戳（签字）
商标代理机构章戳
代理人签字：

  年   月   日   年   月   日

★本申请书副本_____份

行政复议申请书（正本）

申请人：
地址：
法定代表人：
联系电话：

委托代理人：
地址：
联系人：
联系电话：

被申请人：
法定代表人：
地址：

行政复议请求：
1.
2.
事实与理由：

申请人：签字或盖章

年　　月　　日

附件：
1. 申请人身份证明文件
2. 国家知识产权局作出具体行政行为的法律文书原件或复印件
3. 证据材料_____份
4. 授权委托书

商标异议申请书

被异议商标：

被异议类别：

商标注册号：

初步审定公告期：

被异议人名称：

被异议人地址：

被异议人代理机构名称：

异议人名称：

统一社会信用代码：

异议人地址：

邮政编码：

国内异议人联系地址：

邮政编码：

国内异议人电子邮箱：

联系人：　　　　　　　　　电话：

是否提交补充材料：　　　　是□　　　否□

异议人代理机构名称：

异议请求和事实依据：

【承诺】异议人和代理人、代理机构知晓在办理商标异议申请时，提交虚假材料或隐瞒重要事实等行为属于失信行为；承诺遵循诚实信用原则，所申报的事项和所提供的材料真实、准确、完整；知晓承诺不实或未履行承诺，将承担信用管理失信惩戒等不利后果。

异议人章戳（签字）：　　　　　代理机构章戳：

　　　　　　　　　　　　　　　　代理人签字：

转让/移转申请/注册商标申请书

转让人名称（中文）：

（英文）：

统一社会信用代码：

转让人地址（中文）：

（英文）：

受让人名称（中文）：

（英文）：

统一社会信用代码：

受让人地址（中文）：

（英文）：

邮政编码：

国内受让人联系地址：

邮政编码：

国内受让人电子邮箱：

联系人：

电话：

外国受让人的国内接收人：

国内接收人地址：

邮政编码：

代理机构名称：

是否共有商标： □是 □否

商标申请号/注册号：（同一转让人和受让人可填写多个申请号/注册号，填写不下的另填附页）

① ② ③ ④ ⑤

【承诺】申请人和代理人、代理机构知晓提交虚假材料或隐瞒重要事实等行为属于失信行为；承诺遵循诚实信用原则、以使用为目的办理商标转让事宜，承诺转让商标为有效状态、转让行为系申请人真实意思表示并将依法履行合同义务，所申报的事项和所提供的材料真实、准确、完整；知晓承诺不实或未履行承诺，将承担信用管理失信惩戒等不利后果。

转让人章戳（签字）： 　　受让人章戳（签字）： 　　代理机构章戳：

代理人签字：

转让/移转申请/注册商标申请书
（附页——商标申请号/注册号）

商标申请号/注册号：（同一转让人和受让人可填写多个申请号/注册号，请接续首页继续标注序号）

⑥　　　　⑦　　　　⑧　　　　⑨　　　　⑩

转让人章戳（签字）：　　　　　　　　受让人章戳（签字）：

转让/移转申请/注册商标申请书
（附页——其他共有人）

转让方的其他共有人

1. 名称（中文）：
（章戳/签字） 　　　　　　　（英文）：

2. 名称（中文）：
（章戳/签字） 　　　　　　　（英文）：

受让方的其他共有人

1. 名称（中文）：
（章戳/签字） 　　　　　　　（英文）：

2. 名称（中文）：
（章戳/签字） 　　　　　　　（英文）：

商标专用权质权登记申请书

质权人名称（中文）：
　　　　　　（英文）：
质权人地址（中文）：
　　　　　（英文）：
邮政编码：
法定代表人：
国内质权人电子邮箱：
　　联系人：　　　　　　　　　电话：
代理机构名称：
出质人名称（中文）：
　　　　　　（英文）：
统一社会信用代码：
出质人地址（中文）：
　　　　　（英文）：
邮政编码：
法定代表人：
国内出质人电子邮箱：
　　联系人：　　　　　　　　　电话：
代理机构名称：
　是否共有商标：　　　　　□是　　　　□否
出质商标注册号：
　　① 　　② 　　③ 　　④ 　　⑤
担保债权数额：
质权登记期限：　　自　　年　月　日至　　年　月　日
质权人章戳（签字）：　　　　出质人章戳（签字）：
代理机构章戳：　　　　　　　代理机构章戳：
代理人签字：　　　　　　　　代理人签字：

商标专用权质权登记申请书
（附页——商标注册号）

出质商标注册号：（请接续首页继续标注序号）

⑥　　　⑦　　　⑧　　　⑨　　　⑩

商标专用权质权登记申请书
（附页——其他共有人）

其他共同质权人

1. 名称（中文）：
（章戳/签字） （英文）：
地址（中文）：
（英文）：

2. 名称（中文）：
（章戳/签字） （英文）：
地址（中文）：
（英文）：

其他共同出质人

1. 名称（中文）：
（章戳/签字） （英文）：

2. 名称（中文）：
（章戳/签字） （英文）：